Heinrich Eduard Schmieder

Karl Friedrich Göschel

weiland Präsident des Consistoriums der Provinz Sachsen

Heinrich Eduard Schmieder

Karl Friedrich Göschel
weiland Präsident des Consistoriums der Provinz Sachsen

ISBN/EAN: 9783743662216

Hergestellt in Europa, USA, Kanada, Australien, Japan

Cover: Foto ©ninafisch / pixelio.de

Weitere Bücher finden Sie auf **www.hansebooks.com**

Karl Friedrich Göschel

Dr. jur.

weiland Präsident des Consistoriums der Provinz Sachsen.

Heinrich Eduard Schmieder

Abdruck aus der Evangelischen Kirchenzeitung.

Berlin.
Verlag von Gustav Schlawitz.
1863.

Vorwort
an die Freunde.

Als Freunde begrüßen wir die Leser, die diese Erinnerungsblätter ihrer Aufmerksamkeit würdigen, und unser Vorwort hat ihnen weiter nichts zu sagen, als daß wir wünschen, sie mögen dieselben als Freunde in die Hand nehmen und wieder aus der Hand legen. Freunde sind es, die sich um ein Grab versammeln: und die folgenden Seiten wollen eben nur eine längere Grabschrift seyn, die über der Ruhestätte des geliebten Mannes den Lesern vergegenwärtigt, wie viel Gutes uns Gott in Ihm gegeben, wie viel Gutes Er an Ihm und für Ihn und durch Ihn gethan, bis er Ihn durch das Kreuz zur Herrlichkeit geführt hat. Nur die Liebe vermag ein Menschenherz zu erkennen, seine Kämpfe und Arbeiten richtig zu schätzen und seine tiefsten Leiden mitzufühlen. Nur die Liebe richtet ein rechtes Gericht: darum sollen es Freunde seyn, die diese Grabschrift unsers Freundes lesen und ihm in seinen Lebenswegen von der Geburt bis zum letzten Athemzuge nachgehen.

Göschels Herz war aber ein in Christo wiedergebornes Menschenherz, durch Jesu Blut entsündigt und erneuert, und wiedergeboren zu einer lebendigen Hoffnung, verlangend und forschend nach der Heimath, die im Himmel ist, wo Gerechtigkeit wohnet. Darum dürfen wir die Göschels-Freunde, die gern seine Pilgerschaft zum himmlischen Vaterland betrachten, auch wohl als Jesus-Freunde begrüßen, denen das Wort des Herrn gilt: „Ich sage hinfort nicht, daß ihr Knechte seid, denn ein Knecht weiß nicht, was sein Herr thut: euch aber habe ich gesagt, daß ihr Freunde seid: denn Alles, was ich habe von meinem Vater gehört, habe ich euch kund gethan" (Joh. 15, 15). Die Grundlage der Forschung ist für die Natur-Freunde nur die Naturschöpfung; die Grundlage der Forschung für die Jesus-Freunde ist die neue Geistesschöpfung, die er uns eröffnet hat. Auf diesem Gebiete lagen die geistlichen Güter, die Bergwerke und Schmelzhütten Göschels. „Gnade sei mit Allen, die da lieb haben unsern Herrn Jesum Christum unverrückt" (Ephes. 6, 24), mit allen Freunden Jesu.

Zuletzt muß aber der Vorredner auch dringend wünschen, daß alle Leser ihm als wohlwollende Freunde die Nachsicht angedeihen lassen, deren er sich bedürftig fühlt, wenn er seine trockne Schilderung mit der lebensvollen würdigen Persönlichkeit vergleicht, in welcher das liebe Bild des nun in Gott ruhenden Freundes ihm verklärt entgegen strahlt. Es war meine Absicht, in allen Phasen seiner Pilgrimschaft das Werk des Schöpfers und des Erlösers an ihm nachzuzeichnen und zur andächtigen Betrachtung darzubieten. Aber wie vieles konnte sobald nach dem Abscheiden nicht mitgetheilt werden! und wie wenig vermochte mein dürrer Wahrheitssinn die Schönheit und den Adel der lebendigen Färbung wieder zu geben! Darum bitte ich besonders diejenigen Freunde um Nachsicht, die den abgeschiedenen Freund am meisten geliebt und am innigsten erkannt haben. Mögen bald Andre nachfolgen, welche tüchtig sind dem dürftigen Schattenriß lebendigere Färbung zu geben! Inzwischen wolle die Provinz Sachsen ihren ehrwürdigen Consistorial-Präsident nicht vergessen, sondern ihm dankbar bleiben, sein Ende anschauen und seinem Glauben nachfolgen!

Wittenberg, den 14. März 1863.

Heinrich Eduard Schmieder.
Dr. Th.

Karl Friedrich Göschel,
Jur. utr. Dr. (seit 1833),

geboren zu Langensalza am 7. Oktober 1784, daselbst eingesegnet am 9. Mai 1799, auf dem Gymnasium in Gotha vom 28. April 1800 bis zum Frühjahr 1803, Stud. jur. in Leipzig vom 14. Mai 1803 — 4. Juli 1806, in Langensalza von 1806 — 1819 erst als Amts-Actuar, dann als Advocat und Patrimonial-Gerichtsdirector, als Senator und zuletzt Vorsteher der Stadt-Verwaltungs-Commission: am 2. Mai 1815 verheiratet mit Emilie geb. Gräser; — vom 1. Februar 1819 — 1. Juni 1834 K. Ober-Landesgerichtsrath in Naumburg; vom 26. Juni 1834 — 12. Juli 1845 in Berlin als Rath im K. Justiz-Ministerium: seit dem 26. April 1834 verwitwet: seit dem 15. September 1840 in zweiter Ehe mit Mathilde, geb. von Dalwigk, verwittweter Frau von Cardorf: — vom 12. Juli 1845 bis zum 10. Juni 1848 Präsident des Consistoriums der Provinz Sachsen in Magdeburg: — vom 23. September 1848 bis zum 3. August 1849 nach dem Austritt aus dem Staatsdienste in Halle, vom 10. September 1849 bis 4. Mai 1861 in Berlin, dann in Naumburg † 22. September 1861.

1. Familienbilder.
„Adel ist auch in der sittlichen Welt."

In Demuth und Schwachheit gehüllt wandeln Auserwählte Gottes, Söhne des Königes aller Könige, unter uns, werden wenig gekannt und viel geschmäht, und es ziemt sich nicht eher ihr Incognito zu verrathen, als bis sie heimgegangen sind zu ihrem Gott und Vater. Zu diesen Begnadigten gehörte in unsern Tagen der im Alter von fast vollen 77 Jahren im Herbst 1861 entschlafene Präsident Dr. Karl Friedrich Göschel, der allerdings nur von denen richtig erkannt und verstanden werden kann, denen sein Leben von Innen aus durchsichtig geworden, wozu aber seine hinterlassenen Papiere, Tagebücher und handschriftlichen Erinnerungsblätter einen sichern Leitfaden geben. Zwar hat der Verewigte als Schriftsteller, als Staats= und Kirchenbeamter seit fast vierzig Jahren ein öffentliches Leben geführt, seinen Glauben frei bekannt und in seltenster Weise auch sein Herz in seine Schriften und Handlungen gelegt, so daß er bis auf einen gewissen Grad Keinem, der ihn je gesprochen oder seine Schriften gelesen, ganz fremd bleiben konnte. Aber dennoch ist die Einheit seines innern Lebens schwer zu fassen, weil dessen Spiegelungen zu mannigfaltig sind, weil er nicht in einer Richtung concentrisch gewirkt hat, sondern von Einem sehr reichen Centrum aus nach verschiedenen Zielen hin in die Peripherie sich ergossen. Du findest in ihm den Historiker und Philosophen, den Juristen und Theologen, den Aesthetiker und Hymnologen, den Mann der positiven Wahrheit und den Mann der freiesten Speculation, zugleich sehr scharf und überaus mild, und dies Alles fast in jeder seiner Schriften vereinigt, und fragst: Was ist er nun eigentlich? Noch mehr aber sehen die, welche ohne genaueste Kenntniß doch ein Urtheil sich bilden wollen (denn wer möchte nicht in unsern Tagen möglichst schnell ein Urtheil fertig haben!), sich dadurch verwirrt, daß der fromme Mann, dem das Wort Gottes über Alles geht, zugleich eine ausnehmende Vorliebe für Goethe und Hegel zeigt, und von dieser Vorliebe auch nicht läßt, nachdem er sich ganz in Dante versenkt hat und zugleich ein Vorkämpfer der lutherischen Kirche geworden ist. Vielen ist dies nicht nur unbegreiflich, sondern auch anstößig gewesen, denn jeder findet es bequem, Andere nach seinem eigenen Maße zu messen, und nur zu schnell macht man es einem Reicherbegabten oder Tieferblickenden zum Vorwurfe, daß man ihn nicht begreifen kann; aber alle bevorzugten Geister haben auch ihre unbegreifliche Seite, etwas Anonymes, wie es Goethe nennt. Dies ist ihr Privilegium und ihr Kreuz, ihre Stärke und ihre Schwäche. Wenn aber das ganze Leben uns vorliegt und auch das Verborgene ein Recht hat, offenbar zu werden, dann wird den Zeitgenossen manches Räthsel gelöst und sie werden mit dem Geiste ausgesöhnt, den sie nun besser begreifen.

„Adel ist auch in der sittlichen Welt!" sagt Schiller, und fügt hinzu: „Gemeine Naturen zahlen mit dem, was sie thun, edle mit dem, was sie sind." Ohne das Treffende in diesem Dichterspruche zu verkennen, müssen wir doch bemerken, daß dies Wort sehr verfänglich ist und daß aller Adel in aller Welt zur Gemeinheit herabzusinken verdammt ist, wenn er sich darauf verläßt, daß er Etwas ist, und sich überhoben meint, das Edle, wodurch er geworden ist, fort und fort zu thun. Göschel wirkte bis zuletzt und ist unter vielen Entwürfen und angefangenen, aber unvollendeten Werken gestorben, obwohl erst im 77sten Jahre und unter großer körperlicher Schwachheit. Eine andere Seite des Adels liegt aber auch in der Herkunft aus edlem Geschlechte, und von dieser Seite bestätigt sich oft das Wort des römischen Dichters: Fortes creantur fortibus et bonis.*) Auf dieser Voraussetzung, die leider viele Ausnahmen zugestehen muß, beruht der politische Adel. Aber derselbe Vorzug gilt auch für bürgerliche Geschlechter, wenigstens „in der sittlichen Welt", und wer würdige Vorältern hat, sollte in jedem Stande ihr Andenken für die nachfolgenden Geschlechter in der Familie erhalten. Göschel genoß dieses Vorzugs und hat denselben zu würdigen gewußt. Er konnte seine Vorältern von väterlicher und mütterlicher Seite in ununterbrochenem Stammbaume bis ins Zeitalter der Reformation verfolgen und

---

*) Horatius: „Von edlen Vätern kommen edle Söhne."

hat dies bei dem Amts-Jubiläum seines Vaters am 17. November 1829, so wie bei der goldenen Hochzeit seiner Aeltern am 26. August 1832 durch die in zwei Druckschriften zusammengestellten „Familienbilder" (1829 von väterlicher, 1832 von mütterlicher Seite) bewiesen.

Wir begnügen uns, aus den Familienbildern väterlicher Seite Einiges herauszuheben. „Zuerst finden wir die Familie Göschel jenseits des Thüringer Waldes, ohnweit der Quellen der Saale, in Franken am Fichtelgebirge seßhaft und auf Hammerwerken im festen Grundbesitze, in gutem Ansehen und in thätiger Betriebsamkeit. Diese Hammerherren führen uns zuerst nach Weißenstadt, wo ihr Andenken noch fortlebt, aber die Kirchenbücher des Städtleins reichen nicht über die Reformation hinaus.*) Sie theilten sich in drei Linien und der Ahnherr von K. F. Göschel, Namens Hans G., wohnhaft zu Franken, einem nach Weißenstadt eingepfarrten Dorfe, wozu der Frankenhammer gehörte, erhielt am 25. October 1556 einen Sohn, Wolfgang, von welchem in grader Linie drei Pfarrherren stammen, welche vom Jahre 1637 bis 1773, Vater, Sohn und Enkel nach einander, zusammen 136 Jahre das Pfarramt zu Ebersleben in der gülbenen Aue, in der Ephorie Sangerhausen, verwalteten. Von dem Letzten dieser drei Pfarrer stammen nun wiederum drei Rechtsgelehrte, der Großvater und Vater von K. F. Göschel und dieser selbst. Sein Vater, wie sein Großvater, war Justizamtmann in Langensalza unter dem Kurfürsten von Sachsen, von welchem er im Jahre 1807 zur Auszeichnung den Titel eines Hofraths erhielt. Seit der preußischen Besitzergreifung änderte sich sein amtlicher Geschäftskreis, aber ohne sich zu verengern.

Der erste Pfarrer in Ebersleben aus dem Göschel'schen Geschlechte hieß Nicolaus Göschel, geboren am 12. Februar

---

*) Die mit Anführungszeichen versehenen Stellen dieses Abschnitts sind wörtlich aus Göschels Familienbildern entlehnt.

1608. „Auf welchen Wegen und durch welche Mittel die göttliche Vorsehung ihren Nicolaus nach Sachsen und insbesondere in die güldene Aue nach Ebersleben geführt hat, darüber fehlen die Nachrichten. So viel ist gewiß, daß Sachsen damals von allen Seiten her anziehende Kraft ausübte; und die mündliche Ueberlieferung berichtet, daß das Licht des Evangeliums, welches in diesem Lande wieder rein aufgegangen war, Vater und Sohn herangezogen habe. Der Vater mag als Hammerherr auch mit Eisleben in Verkehr gestanden, und Eisleben, als die Lutherstadt, soll zunächst die Auswanderung veranlaßt haben. Vielleicht kam unser Nicolaus zuerst nach Eisleben auf die Schule und dann nach Wittenberg auf die Universität." Im Juni 1637 zog er als Pfarrer in Ebersleben ein und durchlebte und überlebte daselbst die letzten schwersten Jahre des dreißigjährigen Krieges († 23. März 1664), als ein treuer Zionswächter.*) Sein ältester Sohn Christian Göschel, geboren den 20. September 1640, der ihm ein halbes Jahr vor seinem Tode substituirt worden war, wurde trotz seiner Jugend auf Bitte der Gemeinde von dem Patrone, dem Herzog August von Sachsen-Weißenfels, als Amtsnachfolger bestätigt. Ueber 52 Jahre lang hat er seine Gemeinde geweidet, in der letzten Zeit unter vielen körperlichen Leiden, welche ihn auch bewogen, am 1. Advent 1715 mit einer rührenden Abschiedspredigt sein Amt in seines jüngsten Sohnes Hände zu übergeben. Er starb nach vollendetem 76. Jahre am 24. September 1716 allgemein geehrt und geliebt, und bei ihm treten schon in den spärlichen Nachrichten, die sein Superintendent Dr. Johann Gottfried Olearius in seinem Lebenslaufe mittheilt, die Züge jener zarten Pietät hervor, an welcher der Sohn seines Urenkels, unser K. F. Göschel, so reich war. „Es war am 12. Februar 1708, als er das hundertjährige Jubiläum des Geburtstags „„seines seligen lieben

---

*) Pastor hujus ecclesiae vigilantissimus wird er in den Ebersebener Sterberegistern genannt.

Vaters"" mit seinen Kindern und Kindeskindern unter Beten, Loben und Freuden zu einem guten Gedächtnisse begangen hat." Und weiter wird von ihm bezeugt, daß er ein fleißiger und andächtiger Beter gewesen, welcher absonderlich alle Morgen in seiner Studirstube sein Gebet zu Gott knieend verrichtet. „Solches hat er auch in seinen Krankheitstagen nicht vergessen, vielmehr nur mehr und mehr angehalten und immer ernstlicher, immer brünstiger den Herrn angerufen. Es war ihm eine große Freude, wenn auch mit schwachen und zitternden Füßen, in seine Studirstube gehen und daselbst sein Gebet verrichten zu können. Und wenn ihn die lieben Seinigen erinnert, daß er auch in seiner Wohnstube beten könnte, hat er zu sagen gepflegt: „„Es deucht mich immer, als wenn ich noch mit größerer Andacht in meinem Gebete mit Gott reden kann, wenn ich in meine alte gewohnte Studirstube gehe und daselbst mein Gespräch mit Gott halte.""""

Der dritte Pfarrer aus diesem Geschlechte Christian Leberecht Göschel, geboren den 7. Juni 1683, war schon seit dem Weihnachtsfeste 1706 seinem leidenden Vater zum Gehülfen gegeben worden und hat vom Jahre 1716 bis 1773, also 57 Jahre lang, das Pfarramt in Eversleben verwaltet: in seinem neunzigsten Lebensjahre ist er verstorben. Er war ein frommer und zugleich ein sehr rüstiger, fröhlicher Mann, in dessen Nähe und Familienkreis es Jedermann wohl wurde, zugleich mit irdischen Gütern reichlich versehen (er besaß neben seinem Pfarramt ein eigenes Gut in Eversleben), dabei überaus gastfrei und wohlthätig. Seine erste Gattin starb bei der Geburt ihres ersten und einzigen Sohnes, nachdem sie noch nicht ein volles Jahr mit ihm verbunden gewesen, am 24. Mai 1709. Aber eine zweite Ehe wurde mit zwölf Kindern gesegnet und er sah mit seinen hellen Augen wohl gerathene Kinder und Kindeskinder bis in sein höchstes Alter: denn erst drei Jahre vor seinem Tode bedurfte er beim Lesen seiner fein gedruckten Ulmer Bibel einer Brille. Es ist anmuthig und erbaulich zu

lesen, was sein Urenkel K. F. Göschel in seinen „Familien=
bildern" von dem Leben dieses seines Urgroßvaters erzählt.
Fünf Jahre nach seinem eigenen fünfzigjährigen Amtsjubiläum
feiert er im Jahre 1761 als Senior der Diöces in einem ge=
druckten Gedichte das Jubiläum seines Superintendenten und
singt unter Anderem:

>Kommt das Jubeljahr,
>Da wir beide zu Gott gehen,
>Wollen wir erst recht jubiliren
>Und mit lauter Triumphiren
>Vor dem Stuhl des Lammes stehen,
>Selig immerdar.

Noch im hohen Greisenalter überstand er schwere Prüfungen
mit unerschütterlicher Glaubenskraft und Geistesfrische. In
seinem 74. Jahre verlor er durch den Tod seine Ehegattin,
eine Schwiegertochter, einen Sohn und eine Enkelin (1757).
Drei Jahre später verzehrte eine große Feuersglut 39 Güter
im Dorfe, sein Pfarrhaus, seine Bibliothek und die Wirthschafts=
Gebäude seines Guts, die er von Grund aus neu und massiv
wieder aufbauen ließ. Eine merkwürdige Lebensrettung aber
erfuhr er mit den Seinigen noch zwei Jahre nach diesem
Brande (1762). Sein Urenkel K. F. Göschel erzählt: „Es
war am zweiten Ostertage 1762, als früh vier Uhr auf einmal
in seinem Wohnhause der große Kornboden, mit 200 Nordhäu=
ser Scheffeln Frucht belastet, auf den obern Sal herabstürzt,
hart vor der oberen Stube, neben der er selbst mit zwei Söh=
nen und zwei Enkeln in der anstoßenden Kammer im Schlafe
lag. Ein Balken stößt einige Mauerziegel in das Bette Eines
seiner Söhne. Aufgeschreckt von dem plötzlichen Falle und wie
vom einschlagenden Donner gerührt fährt Alles auf, betäubt
und nicht wissend, was geschehen ist und noch geschehen könnte:
oben wollen sie zur Stubenthüre hinaus, aber diese ist ver=
schüttet. Unten wohnt des Pfarrers Tochter; diese schafft Hülfe.
Es wird ein Tisch unter das Fenster und auf den Tisch eine
Leiter gesetzt; die Tochter hält Tisch und Leiter, der Knecht steigt

hinauf und schlingt um den zitternden 78jährigen Greis seine Arme, während ihn die Söhne von oben in einem langen Handtuche unter beiden Armen halten. So wird der Vater, so werden beide Enkel, ein sechsjähriges Mädchen und ein vierjähriger Knabe, langsam herabgelassen, Alle in großer Todesangst: denn wer wußte, ob die zerbrochenen Balken die Last halten, oder während dieser Rettungsversuche tödtend herabstürzen würden!" — „Gerade an jenem zweiten Feiertage hatte der muntere, lebensfrohe Greis mit seinen Kindern, zwei Schwiegersöhnen und zwei Enkeln, 12 Personen an der Zahl, zu Mittag auf demselben Sale speisen wollen, der 8 Stunden vorher von oben herab mit einbrechender Gewalt verschüttet wurde." Am folgenden Tage, dem dritten Feiertage, der in Sachsen noch gefeiert zu werden pflegte, bestieg der Greis die Kanzel und hielt eine Lob- und Dankpredigt für die große göttliche Verschonung. Der damals gerettete vierjährige Enkel war K. F. Göschels Vater. Der alte Pfarrer aber lebte noch 11 Jahre und entschlief erst am 20. April 1773. „Drei Minuten vor seinem Tode sang er noch die Einsetzungsworte und darauf verschied er mit holdseliger Miene, im Glauben, sanft und selig." — „Seine Kinder blieben lange um das Bette des geliebten Leichnams knieend, die abgeschiedene Seele mit ihren Gebeten zum Throne Gottes zu begleiten."

Den drei Pfarrern folgen nun die drei Rechtsgelehrten, unter welchen der erste ist Christian Leberecht Göschel, geboren den 31. Juli 1719, gestorben den 2. März 1802 in seinem 83. Lebensjahre. Seine Vorbildung hatte er auf der Landesschule Pforte von 1733 bis 1739 erhalten und sein Enkel führt aus den von ihm dort hinterlassenen Abschiedsreden nicht nur die sprechenden Zeugnisse seines frommen, dankbaren und ehrenfesten Sinnes, sondern auch mit Wohlgefallen dies an, daß derselbe in der beigefügten lateinischen Abhandlung die Philosophen, die zu verschiedenen Zeiten aus dem alten Rom vertrieben worden sind, und damit zugleich die Philosophie selbst in Schutz nimmt. Im Jahre 1764 wurde dieser ernste würdige Mann Justizamtmann zu Langensalza und nach dem Tode der verwitweten Herzogin Friederike von Sachsen-Weißenfels wurde ihm als Amtswohnung das Schloß Dryburg innerhalb dieser Stadt überwiesen (1775), während mehrere Unterbeamte in den übrigen Schloßgebäuden untergebracht wurden. So wurde nach dem Pfarrhaus zu Erersleben das Schloß zu Langensalza für mehr denn ein halbes Jahrhundert die Wohnstätte der Familie Göschel. Denn der Vater des Präsidenten, Christian Friedrich Göschel, geboren am 12. Mai 1757, trat seit dem Jahre 1786 an die Stelle des Großvaters, der wegen einiger ihm unbehaglichen Veränderungen in der Einrichtung der Justizämter damals sich von den Geschäften zurückzog, nachdem er schon vorher seinen Sohn zum Amts-Adjunctus erhalten hatte, welcher am 26. August 1782 mit Karoline Sophie Marie Hahn, einer Kaufmannstochter in Langensalza, den Bund der Ehe geschlossen. Das zweite Kind, der erste Sohn aus dieser gesegneten Ehe, ist **Karl Friedrich Göschel**.

Der Knabe war gesund und wohlgestaltet, wie er denn zu einer schönen männlichen Statur emporgewachsen ist, dabei reichbegabt und strebsamen Geistes, fromm und zärtlich, liebreich gegen Menschen und Thiere und geliebt von Jedermann; und Gottes Gnade war mit ihm. Das Vaterhaus mit einem reinen gebildeten Familienleben im Genuß und in weiser Benutzung ansehnlicher irdischer Güter gewährte den Kindern Alles, was unabsichtlich und unvermerkt das Herz und den Geist weckt und befruchtet. Die Erinnerung daran hat mit der innigsten Pietät gegen die theuern Aeltern noch den Greis bis an den Rand des Grabes begleitet. Man merkt ihm die herzlichste Freude und Dankbarkeit an, wenn er in den Familienbildern des Göschelschen Stammbaumes dem Vater das Bild seines liebenden schaffenden Thuns vergegenwärtigt, indem er schreibt:

„Wer gedächte nicht gern der vielerlei Baumpflanzungen und lieblichen Blumenbeete, welche die Vergangenheit und Gegenwart schmücken, der unbeweglichen und beweglichen Gärten, der Blumenäsche, der großen Erdkasten und tausendfachen Sämereien, der Spargel-Anlagen, Tabaks-Plantagen und Akazien-Pflanzungen, der vielbewegten Landwirthschaft mit ihren Sorgen und Freuden, der Klee-, Mohn- und Rübsamenfelder, der Weinberge in Nägelstädt, die, lange wüste gelegen, auf einmal, Andern zum Beispiel und zur emsigen Nachfolge, längs den Uferabhängen des Unstrutsthales fröhlich auferstehen, grünen und gedeihen, der geschäftigen Seidenwürmer und der Maulbeerbäume mit ihren Blättern für die Würmer und mit ihren Früchten für uns." So fährt er fort, die Bienen-, Schaf- und Pferdezucht zu erwähnen. „Auch das stattliche Gespann der Ziegenböcke ist nicht zu vergessen: aber bald zeigen sich stolz zu Pferde kleine Reiter zur Rechten und Linken eines sorgenden und unterweisenden Vaters." Aus der freien Natur führt seine Liebe uns dann in das Haus und zeigt uns den Vater am Pianoforte. „Nun hören wir noch einmal feierlich und lieblich alte Choräle nachklingen und allerlei Weisen nachtönen, die vor vielen Jahren bald daheim, bald im Gartenhause unter den Händen des Immerbeschäftigten ernst und fröhlich sich vernehmen ließen, während die Mutter strickte und die Kinder ihr Spiel trieben." Dann zeigt er uns wieder denselben Vater unter seinen Büchern, welche von Jahr zu Jahr sich mehren und überall sich ausbreiten. „Doch nie entziehen diese stummen Hausgenossen den Kindern ihren Vater; vielmehr müssen jene sich gelegentlich bequemen, dutzendweise in die Nähe der Familienstube zu wandern, um den Umgang mit der Familie und den Büchern zu verbinden."

Die Bücher zogen frühzeitig auch den Sohn an, der sorgfältig von einem Hauslehrer und außerdem durch verschiedene Lehrer in Privatstunden unterrichtet wurde. Sein ihm an Jahren nächster Bruder berichtet: „Auf einem Spaziergange, wo sich ein anderer Hauslehrer mit seinen Zöglingen zu uns gesellte, hörte ich von unserm Hauslehrer gegen seinen Herrn

Collegen die Aeußerung: „Den Fritz zu unterrichten ist nichts Leichtes; man mag auch mit ihm anfangen, was man will, so weiß er bald mehr, als man selbst weiß." Neben dem raschen Geistesflug wohnte aber die zarteste Liebe, die sich auch gegen die Ziegenböcke nicht verläugnete, die seiner Kindheit Lust gewesen waren. „Als die Zeit des Spielens mit den Böcken vorüber war, bat Fritz sehr, daß die Böcke ja nicht verkauft würden. Dieses unterblieb auch, um ihm den Schmerz des Abschieds zu ersparen. Von diesen Böcken war aber Einer crepirt, was von Aeltern, Geschwistern, Dienstboten und von Allen, die darum wußten, sorgfältig gegen Fritzen geheim gehalten wurde, um ihm auch diesen Schmerz zu ersparen."

In seinem sechzehnten Jahre mußte der heranwachsende Jüngling das theure Vaterhaus verlassen, um in dem nahen Gotha das Gymnasium zu besuchen. Davon schreibt uns die vorerwähnte Bruderhand: „Als wir am 28. April 1800 mit Fritzen in den Schloßhof traten, um nach Gotha abzufahren, hatten sich nicht allein sämmtliche Diener der verstorbenen Frau Herzogin von Weißenfels, welche im Schlosse in Seitengebäuden wohnten, mit ihren Familien, sondern auch viele Anwohner vor dem Schlosse in einer langen Doppelreihe aufgestellt, um Adieu zu sagen, was unter vielen Liebesbeweisen und Thränen geschah. — Er war der Liebling aller Nachbarn."

2. Der Jüngling in Gotha und Leipzig.

„Wer bin ich? welche wichtige Frage!"

Ein frommer Sinn und ein zartes Gewissen begleitete den angehenden Jüngling aus dem älterlichen Hause nach Gotha, wo er dem Gymnasial-Director Kirchenrath Döring übergeben wurde und in dessen Hause wohnte. Er selbst hat nicht versäumt, anzumerken, daß er am 9. Mai 1799 confirmirt worden, am 6. Juli 1799 zum ersten und kurz vor seinem Abgang nach Gotha zum zweiten Male mit Vater, Mutter und älterer

Schwester das heilige Abendmahl genossen. Im Schooße der Familienliebe war seine Frömmigkeit aufgewachsen und mit derselben innig verknüpft: darum war sie so tief gewurzelt, daß er nie von Herzensgrunde dem Glauben fremd geworden, obgleich es nicht anders sein konnte, als daß die Kirchenlehre um das Jahr 1800 in sehr abgeschwächter und verdorbener Gestalt ihm überliefert werden mußte. Denn dies war die Zeit, wo ein sehr schüchterner Versuch des würdigen Dresdner Oberhofpredigers Reinhard in einer Reformationspredigt öffentlich sich zu der evangelischen Rechtfertigungslehre zu bekennen in ganz Sachsen als Aergerniß und Heuchelei ausgeschrien wurde, und wo die Verwässerung der alten glaubenskräftigen Gesangbücher in der Blüthe stand. Gotha aber wußte sich unter seinem vorletzten Herzog Ernst, dem Beschützer des Illuminaten-Ordens, und unter dem General-Superintendent Löffler, der in vollem Gefühl des Rechts und der Unschuld die kirchliche Lehre von der Dreieinigkeit und von der Genugthuung durch seine Schriften angriff, auf der Höhe der Aufklärung, während in dem nahen Schnepfenthal Salzmann seine weithin berühmte Erziehungs-Anstalt auf den Grundlagen Rousseau'scher Ansichten gestiftet hatte. Es ist sehr bezeichnend für den Geist eines jungen Gemüths, welche Elemente der Zeitbildung dasselbe ergreift und sich aneignet, und der eblere Grund, der von Gott in K. F. Göschel gelegt war, bewährt sich schon dadurch, daß die seichte Aufklärung, in deren Reich er hinein gesetzt war, zwar ihm anfliegen, aber nicht ihn anziehen konnte. Dagegen ergriff ihn eine Rede zur Vorbereitung für die Communion, in welcher ein Lehrer des Gymnasiums die Jünglinge darauf hinwies, daß jeder seine Schooßsünden bekämpfen müsse, und er nahm sich ernstlich vor, diesen Kampf zu bestehen. Auch vertritt er einmal in seinem Tagebuche einen Lehrer, der sonst bei ihm, wie bei seinen Mitschülern, wegen seiner Leistungen in geringer Achtung stand, weil er bei einer ähnlichen Vorbereitungsrede einen herzlichen guten Willen für das Beste der Jugend herausgefühlt hatte. Aber leider war der Director, bei dem er wohnte, nicht der Mann, der erziehend auf ihn wirken konnte, und derselbe scheint ihm immer fremd geblieben zu sein.

Seine Leidenschaft war nur die Wißbegierde und der Eifer für die Nahrung und Entwickelung seiner geistigen Kräfte, ein Streben, das wohl von Ehrgeiz begleitet werden mochte, aber nicht aus Ehrgeiz hervorgegangen war. Der treffliche Friedrich Jakobs, der das Sittliche in den Alten in so idealer Weise hervorzuheben verstand, führte ihn in die griechische Literatur ein und noch fünfzig Jahre nach seiner Schulzeit freute er sich, den würdigen Veteran einmal wieder zu sehen und ihm seine Dankbarkeit zu bezeigen. Er kauft und liest viele griechische und lateinische Autoren und nimmt sich gelegentlich eine Warnung vor planloser Vielleserei zu Herzen, die er in der Schule von Jakobs vernimmt. Französisch lernt er bei einem gebornen Franzosen und führt ziemlich ein Jahr lang sein Tagebuch in dieser Sprache. Mit Franz Passow vereint nimmt er auch Unterricht im Italienischen und macht Bekanntschaft mit den englischen, wie mit den französischen Dichtern. Mit einigen Landsleuten und Freunden, unter welchen die strebsamen und geistreichen Gebrüder Pauli aus Lübben ihm die nächsten und liebsten waren, macht er kleine Ausflüge in die schönen Umgebungen, nach Schnepfenthal, Reinhardsbrunn, Waltershausen, nach den drei Gleichen und dem Inselsberg oder ladet sie als Gäste in sein väterliches Haus ein. Was ihn bei solchen Ausflügen anzieht, ist die Schönheit der Natur, die poetische oder geschichtliche Bedeutung der Ortschaften: doch kann er sich unter den muntern Gesellen auch kleinen Schwänken nicht entziehen, wie fremd sie auch eigentlich seinem sittlichen, auf das Ideale gerichteten Geiste waren. Als bei jener Wanderung nach den drei Gleichen die jungen Herren Primaner zu der Dritten der drei Burgen, der Wachsenburg, gelangten, fanden sie dieselbe verschlossen. Ein alter Capitain hatte sich dort ritterlich eingerichtet und wehrte durch Schloß und Riegel die lästigen Besucher ab. Nach wiederholtem Schellen kommt ein Burgwart und fragt, wer Einlaß begehrt. „Göttinger Studenten": ist die leichtfertige Antwort. Die Kunde wird dem Hausherrn rapportirt und nach langem Warten öffnet sich endlich die Pforte, nur, wie gesagt wird, weil der alte Ritter für Göttingen eine besondere Vorliebe hat. Er läßt sie sich vorführen, nachdem sie inzwischen Namen, Geburtsort und Facultäts-Studium ersonnen und unter sich vertheilt haben: sitzend empfängt er sie mit großer Gravität und fragt, ob sie den Herrn Koppe kennen. Nachdem die Uebrigen es verneint, bejaht es Einer und will sich erinnern, bei ihm ein juristisches Collegium gehört zu haben. „Ei!" sagt der alte Capitain: „der Herr Koppe ist ja aber Theolog." Der Gymnasiast erwiedert kühn: „Ach, ja! jetzt entsinne ich mich; der Jurist ist sein Bruder." Und so war das Verhör glücklich beschlossen und die Burg wurde nun den jungen Leuten gezeigt. Der alte Herr hatte zwischen den Jahren 1785 und 1788 den Herrn Koppe als General-Superintendent in Gotha gekannt, der vorher acht Jahre als Professor der Theologie in Göttingen gelebt, nachher aber gar nicht in Göttingen, sondern in Hannover eine ehrenvolle Stelle eingenommen hatte und daselbst schon im Februar 1791 gestorben war. Davon wußte aber am 24. Mai 1802, wo jenes Gespräch stattfand, weder der alte Capitain etwas, noch die kleine Schaar der gothaer Primaner.

Einer solchen Partie konnte K. F. Göschel wohl bisweilen seine Theilnahme schenken; aber sein Eifer für die Studien war so mächtig, daß er zu Zeiten alles Andere, auch den Schlaf ihm opferte. Einen schlagenden Beweis dafür liefert ein Fall, den sein von ihm innigst geliebter Bruder Karl, dem wir schon früher einige Züge aus seinem Knabenleben verdankten, erzählt. „Ich war, von großer Sehnsucht nach ihm getrieben, zu Fuß nach Gotha gegangen, um selbst zu sehen, wie es ihm ginge. Neben der Freude über diesen Besuch konnte ich doch auch leicht die Sorge bemerken, welche für ihn aus der Störung im Stubiren erwuchs. Ich war Vormittags gekommen, aß Mittags mit beim Professor Lang, wo er mit vielen andern Schülern Kostgänger war, und nun wurde von seinen Freunden, die ich bereits alle in Langensalza hatte kennen gelernt, wohin sie in den Ferien oft kamen, eine Partie mir zu Ehren veranstaltet. Mein lieber Bruder blieb aber Studirens halber zurück und ich ging ohne ihn und daher mit schwerem Herzen mit den beiden Pauli, Sauer, Wunderlich (dem nachmaligen Göttinger Professor), v. d. Busch, v. Trota und Anderen ohne ihn weg. Als wir zurückkamen, saß Fritz fest an seinem Arbeitstischchen. Er wohnte bei Kirchenrath Döring im Kloster. Von diesem war das Abendbrot besorgt und für mich ein Bett aufgeschlagen. Fritz blieb an seiner Arbeit und forderte mich mehrfach auf, doch zu Bette zu gehen, er wolle nachkommen, könne aber jetzt noch nicht. Ich blieb sitzen, um den Ausgang abzuwarten; aber ans Schlafengehen kam es nicht, sondern früh, als zur Klasse geläutet wurde, sprang er auf und sagte: Ich habe mich noch nicht präparirt! nahm ein Buch, ging ein Paar Mal durch das Zimmer, dann noch in den Klostergängen auf und ab, und nun folgte ein „„Adieu, lieber Bruder Karl."" Und ich zog nun, wie es vorher bestimmt war, aber mit schwererem Herzen, als ich geglaubt hatte, zurück."

Die Maßlosigkeit im Studiren und die Entbehrung der Nachtruhe in den reizbarsten Jünglingsjahren ließ für die Gesundheit nachtheilige Folgen erwarten und diese blieben nicht aus. Zunächst zeigten sie sich in einer ungleichen, oft sehr gedrückten Stimmung, die noch durch eine schwere Familiensorge vermehrt wurde, von welcher das Tagebuch des Jünglings Zeugniß gibt. Seine ältere achtzehnjährige Schwester, ein blühendes Mädchen, fing im Jahre 1802 an zu kränkeln und starb nach fast jahreslangem Wechsel von Furcht und Hoffnung am 1. Januar 1803. Dieses Leid bewirkte, daß der Bruder, der sie zärtlich liebte, im letzten Jahre, welches er in Gotha verlebte, sich mehr nach Innen wendete und im Sinnen und Forschen, aber auch im Empfinden Geist und Gemüth bewegte. Wir dürfen nicht vergessen, daß Norddeutschland und besonders Sachsen und Thüringen bis zum Jahre 1806, wo die Schlacht bei Jena einen Umschwung im geistigen Leben vorbereitete, in der Empfindsamkeit schwelgte, daß Hölty, Salis, Matthison damals die Dichter des Tages waren und Lafontaine's Romane von den Müttern und Töchtern der kleinen Städte verschlungen wurden. Göschel trat nun zwar durch die umfassende Bildung, die er früh suchte und fand, aus dem Zauberkreis dieser abschwächenden Lectüre heraus. Aber Rousseau's Bekenntnisse und Träume (Rêveries), Goldsmiths Landprediger und was sich nur ihm darbot wurde neben den alten Classikern von ihm begierig ergriffen, Klopstock und Schiller, auch schon Goethe's Gedichte und Wilhelm Meisters Lehrjahre. Damals bereits zog ihn Goethe mehr an, als Schiller, weil er mehr Einfalt und Naturwahrheit bei ihm fand, frei von Rhetorik und Sentimentalität. Daneben regte sich zugleich das philosophische und speculative Talent in ihm und versetzte sein Inneres in die größte Gährung, während der Schwester Tod ihn anregte, mit den Geheimnissen des Todes und ewigen Lebens sich zu beschäftigen. Aber er konnte beten und betete fort, während er sich demüthig unter die unabänderlichen Rathschlüsse der göttlichen Weisheit beugte. In dem Zustande der höchsten geistigen Spannung, aber nicht ohne krankhafte Verstimmung, kehrte er vom Gymnasium in das Vaterhaus zurück, wo er mit Liebe gepflegt und von seinem Vater sorgsam geleitet wurde, insoweit ein so im Verborgenen arbeitendes Jünglingsherz geleitet werden kann. Zu der Gesellschaft der kleinen Stadt, in welcher ein angehender Student schon sich berufen fühlen kann, eine Rolle zu spielen, stand er in einem Verhältniß, über das er sich nicht klar werden konnte. Er fühlte die Reize der Jugend, in deren Kreis er gezogen wurde; aber sein Dichten, Träumen, Denken und die geistige Sphäre, in welcher er heimisch war, blieb seinen Umgebungen fremd und unverständlich, und er selbst machte sich

Vorwürfe, daß er nicht blos aus Kurzsichtigkeit seiner Augen oft nicht sah, was Andere sahen, daß er vor innerer Sammlung äußerlich zerstreut, oft Etwas verlor oder vergaß. Man war wohl begierig, zu sehen, wie sich das Räthsel dieser ungewöhnlichen Begabung weiter entfalten würde.

Am 14. Mai 1803 bezog der neunzehnjährige Jüngling die Universität Leipzig, wo damals Gottfried Hermann die Alten erklärte, Platner Philosophie, Erhard Natur- und Criminalrecht, Haubold römisches Recht lehrte. Der Vater, der selbst in Leipzig studirt hatte, geleitete seinen Sohn dahin und erwartete, daß dieser als Jurist in seine Fußtapfen treten sollte: aber das erste Jahr wurde natürlich vorzüglich den allgemeinen Studien gewidmet, der Poesie, der Geschichte und der Philosophie. Denn was sind die positiven Wissenschaften, wenn sie nicht in ihren Bezügen zu dem tiefsten Menschenleben, wenn nicht ihre Wurzeln in der Vorzeit, ihre Grundlagen in der ewigen Wahrheit erkannt werden! und welches elende Geschöpf ist der Studirende, der nur das Ueberlieferte wie eine Elster nachsprechen lernt! K. F. Göschel war zu einem so geistlosen Studium nicht gemacht, es wäre ihm unmöglich gewesen. Aber er fand in dem aufgeklärten, geselligen, genußliebenden Leipzig keinen Lehrer, keinen Freund, der ihn auf den Wegen des Geistes auch nur eine Zeit lang hätte führen oder wenigstens begleiten können. Als sein theurer Vater von ihm Abschied genommen und den Postwagen bestiegen hatte, da ging er ihm noch ungesehen bis an das Rannstädter Thor nach, sah ihn heimwärts rollen und war nun sehr einsam in der belebten Stadt, dazu überreizt und von leiblicher wie geistiger Jugendfülle bedrängt. Er hörte, las und dachte: aber er litt auch, und sein Leiden gestaltete sich bei großer Reizbarkeit der Nerven zu einem Heimweh, das sich in ein unbestimmtes sehnsüchtiges Schmachten auflöste. Der Gebrauch des Bibraer Bades, das er im Laufe des Sommers 1803 in Begleitung seiner Mutter besuchte, milderte diesen Zustand so, daß er bald mit neuer

Kraft zu seinen Studien zurückkehren konnte. Im zweiten akademischen Semester nahm er an der studentischen Geselligkeit Theil, aber mit wachem Gewissen und unter Fortsetzung der ernstesten Studien, die durch Kant, Fichte und Schelling auf die höchsten Fragen der menschlichen Erkenntniß hingelenkt wurden, zu welchen ihn ohnedem sein speculatives Talent und sein nach Wahrheit und ewigem Leben dürstendes Herz hinzog. In den letzten Monaten des Jahres 1803 ging er damit um, die Jurisprudenz aufzugeben und sich ausschließlich dem Studium der Philosophie zu widmen, und bat seinen Vater um die Einwilligung zu diesem entscheidenden Schritte. Dieser verweigerte zwar seine Zustimmung nicht, ließ aber doch durchblicken, daß er nur ungern sich dem Wunsche des Sohnes fügte, und dadurch wurde der Sohn bewogen, zu verzichten und die Philosophie fernerhin nur neben der Jurisprudenz, aber doch mit allem Ernste, zu betreiben. Wir finden in seinen Tagebüchern diesen schweren Entschluß in der Neujahrsnacht von 1803 zu 1804 ausgesprochen und wissen nicht, ob wir uns dieses Opfers der kindlichen Liebe freuen sollen oder nicht. Sehen wir auf seine ausgezeichnete juristische Laufbahn bis zu der Höhe, auf welche er zuletzt als Consistorial-Präsident gestellt war, betrachten wir daneben seine reiche außeramtliche und schriftstellerische Wirksamkeit, so können wir uns seines Entschlusses wohl freuen. Aber er entsagte damit der concentrischen Einheit seines Wirkens und somit der mächtigsten Waffe, um auf seine Zeitgenossen einzuwirken, und der höchsten Freude des Lebens. Denn nach dem Maße seiner speculativen Geisteskraft, nach der Fülle seiner Gaben und nach der christlichen Erleuchtung, mit welcher er nachmals begnadigt worden ist, läßt sich vermuthen, daß er als speculativer Philosoph von Fach und als akademischer Lehrer über Schelling und Hegel hinausgegangen wäre und ein selbständiges System christlicher Wahrheit gegründet hätte. Es sollte aber nicht sein und das Hinderniß lag doch wesentlich nicht in jenem verhängnißvollen Entschlusse allein, sondern zugleich in der rührenden, aber doch übergroßen Weichheit, mit welcher er überhaupt den Eindruck fremder Persönlichkeit in sich aufnahm und ihr Bild und Wort liebend verklärte. Diese schöne Zärtlichkeit seines Herzens wurde eine Fessel für die Macht seines Geistes. Denn sie hinderte ihn, um Christi willen Vater, Mutter, Brüder, Schwestern, dazu sein eigenes Fleisch unbedingt zu verläugnen. Alle auf Empfindung beruhende Anhänglichkeit macht abhängig, auch die menschlich edelste und reinste; aber es ist sehr schwer, hier die Gränze zwischen Schwäche und Tugend zu ziehen.

Am 19. Juli 1803 schrieb der neunzehnjährige Student an seine Mutter: „Liebste, beste Mutter, ich schicke Dir Deine theuern Briefe, die ich aufhebe, bis ich siebzig oder achtzig werde und sterbe, nicht wieder zurück. Aber Du sagst, ich sollte es thun, wenn ich Dich lieb hätte? und gleichwohl thue ich es nicht? Nun versuche es einmal, zu glauben, daß ich Dich nicht lieb hätte: versuche es, aber es wird Dir sicher, ganz sicher völlig unmöglich sein. Ich schließe das von mir. So unmöglich es mir wäre, meine Mutter (ich schreibe das Wort allemal mit einer heiligen Entzückung), meine Mutter nicht mehr zu lieben, so unmöglich ist mir auch die Vorstellung, daß mich meine Mutter nicht mehr lieben könnte und wollte. Du könntest mir tausendmal sagen: „„ich kann Dich nicht lieben und nicht leiden"", ich würde es meiner Mutter auch zum tausendsten Male nicht glauben."

Am 17. Februar 1805 zeichnete er in sein Tagebuch Folgendes: „Bei den Reden über die Religion*) und bei Schelling über die historische Construction des Christenthums und über die Theologie fällt mir etwas aus meinen Kinderjahren ein. Wir Kinder unseres Vaters hatten allzumal einen Lehrer, welcher uns nicht in der Religion und im Christenthum erzog, weil er ein aufgeklärter Candidat war und uns auch so aufgeklärt ma-

---

*) Von Schleiermacher.

chen wollte. Er ließ uns wohl die Bibel lesen, aber wie ein anderes Buch, und erklärte uns dabei an allen einzelnen Beispielen, daß das, was man Wunder nenne, nicht über der Sphäre des Menschen liegend ganz natürlich zugegangen wäre und daß Jesus Christus zwar ein sehr großer und guter Mann und ein menschenfreundlicher Wohlthäter des damaligen Menschengeschlechts gewesen sei, aber selbst nichts weniger gewollt hätte, als sich für Gottes Sohn auszugeben, welcher Ausdruck blos bildlich zu verstehen und erst von dem finstern Aberglauben der folgenden Zeiten ganz wirklich genommen worden sei. Auch gab er uns Unterricht aus den katechetischen Unterredungen von Dolz, einem aufgeklärten Leipziger Candidaten, der auch so ein heller Mann war ohne Religion. Von ungefähr ergriff ich einmal die symbolischen Bücher und las von Athanasius.*) Da erzählte er mir, daß dieser Mann in seiner Jugend ein ausschweifender und lasterhafter Mensch gewesen sei, und als er ausgetobt, sich zum Himmel gewendet habe, um durch Beten und Aberglauben sein Gewissen zu betäuben und Gott zu versöhnen.**) Darum habe er auch geschrieben: So ihr nicht glaubet, werdet ihr nicht selig werden: welches den Verstand unterjochen, dem Aberglauben und der Finsterniß den Weg bahnen und Sittenverderbniß herbeiführen hieß. Nicht glauben, sondern prüfen und Wahrheit suchen, nicht die Hände in den Schooß legen und beten, sondern handeln, handeln sollen wir. Dem allen konnte ich nicht widersprechen, sondern nahm es für Wahrheit an und erhob mich, ein milchiger Knabe, über die alten Leute, die nicht aufgeklärt waren: obwohl ich gegen meinen Lehrer weder rechten Respect, noch kindliches Vertrauen haben konnte, die erste Frucht seiner Erziehung. Als ein dermaßen aufgeklärtes Kind, mit einem unkindlichen, aber kantia-

*) Das Athanasianische Glaubensbekenntniß.
**) Der Candidat hat Athanasius mit Augustinus verwechselt und auch dessen Bild, gewiß ohne dessen Confessiones gelesen zu haben, gräulich entstellt.

nischen, nicht kantischen Dünkel versehen, nahmen mich meine Aeltern einmal mit nach Erfurt, wo sie einen alten Priester und Professor besuchen wollten. Mein Vater sagte mir aber, daß ich ja nicht vor dem alten Manne so frei und naseweis sprechen sollte, weil er noch ein alter orthodoxer Theologe wäre, welchen Ausdruck er mir zugleich erklärte. Ich fuhr mit vieler Scheu der Stadt entgegen, wo dieser Mann Gottes wohnte, und wußte selbst nicht, was sich dunkel in mir regte. Nun sah ich endlich einen ehrwürdigen Greis, von langer Statur und ernst alt=freundlichem Gesicht, hörte ihn beten vor und nach Tisch und mit heiligem Eifer in seiner Kirche predigen und meinte dunkel hinten im Gemüthe, daß dieser Mann aus einer andern Welt herübergekommen wäre und nicht in die meinige paßte. Man brachte mich auch in verschiedene Klöster und ließ mir vorzüg=lich in der Karthäuser Kloster das Klosterwesen in den meisten Punkten beschauen. Auch hörte ich das Läuten der vielen Glocken, wie's zart und tief klang, und bebte mit stiller Aufmerk=samkeit vor dem frommen Pastor und seiner Orthodoxie, die mir immer in dunkler ferner Bedeutung vor dem Gemüthe herum=ging. Aber ich ward doch durch alles dieses nicht fromm und mit Religion begabt, sondern reiste in frivoler Aufgeklärtheit wieder heim." Wir können nicht zweifeln, daß der Herr dem Studenten, der diese strenge Selbstkritik schrieb, wenn er ihm damals erschienen wäre, gesagt haben würde: Du bist nicht fern von dem Reiche Gottes! Er aber setzte suchend und for=schend seine Studien, juristische und allgemeine, fort bis zum Juli 1806: am 4. Juli dieses Jahres langte er mit Extrapost über Erfurt in Langensalza an, um in die praktische Laufbahn einzutreten.

3. Zwölf Jahre in Langensalza. 1806—1818.

"Wir haben hier keine bleibende Stadt, sondern die zukünftige suchen wir"

Langensalza gehört zu dem Theile von Thüringen, wo Bonifacius durch seine Predigt und durch die ihn begleitende Pilgergemeinde, in welcher Franken und Angelsachsen sich um den großen heiligen Mann vereinigten, bald auch durch Stiftung von Kirchen und Klöstern, die christliche Erziehungshäuser waren, das schon gebrochene alte Heidenthum überwunden hatte. Bis zum Jahre 1212 war es nur ein Dorf und wurde nach dem Flüßchen, an dem es liegt, schlechthin "Salza" genannt, noch nicht Langensalza. Im 13. Jahrhundert wurde Salza durch den berühmten trefflichen Hochmeister des deutschen Ordens, Hermann von Salza, von dem der Gedanke, Preußen kriegerisch zu bekehren, ausging, ein in der ganzen abendländischen Christenheit gefeierter Name. Bei der Theilung des Sächsischen Fürstenhauses zwischen den Herzögen Ernst und Albert fiel das Städtchen der Albertinischen Linie zu, bei welcher es bis in die neuesten Zeiten geblieben ist. Im J. 1539 wurde die Reformation daselbst eingeführt und bei der Unterschrift der Geistlichen unter die Concordienformel im J. 1580 findet sich zuerst die Benennung Langensalza. Die Specialgeschichte des Orts und der Umgegend tritt für den Kundigen in Verbindung mit den bedeutendsten Weltbegebenheiten und in diesem weltgeschichtlichen Sinne faßte K. F. Göschel die Schicksale seines Geburtsorts auf, indem er es unternahm, eine "Chronik der Stadt Langensalza in Thüringen" zu schreiben, die auf vier Octavbände angelegt war, und von welcher im J. 1818 die ersten beiden Bände erschienen, welche bis zum Anfang des dreißigjährigen Krieges führen. Durch des Verfassers Versetzung in ganz andere Gegenden und Verhältnisse wurde die Fortsetzung des Drucks verhindert, das schon vollendete Manuscript blieb liegen, und erst in den Jahren 1842 und 1844 sind von einer andern Hand der dritte und vierte Band veröffentlicht worden. Mit diesem Werke trat Göschel in einem Alter von 34 Jahren zuerst als Schriftsteller auf und hat seitdem über 60 größere und kleinere Schriften und gegen 300 Aufsätze in Zeitschriften herausgegeben. Schon aus seiner ersten Schrift ist zu ersehen, wie er das Große im Kleinen, das Ganze im Einzelnen zu erkennen wußte, und wie eine christliche Grundlage eines ernsten sittlichen Geistes all sein Denken durchzieht. Noch überläßt er sich nicht, wie später, dem Strome sinniger Ideenverknüpfung: aber allerdings kann man schon seinem Stile anmerken, daß er weniger, wie ein Schriftsteller von Profession, seinen Stoff gestaltet, um ihn in die dem Leser bequemste Form zu bringen, als daß er in eiligem Erguß seiner innern Fülle sich entledigt. Die Chronik ist gründlich gearbeitet, klar und bündig geschrieben, würde sich aber leichter lesen, wenn die Erzählung schlicht von Jahr zu Jahr fortging und die eingefügten Urkunden in einem besondern Bande hinzugethan wären, die Erzählung für den Bürgersmann, die Urkunden für den Forscher. Das Werk ist aber reines Geschichtswerk und frei von allen Episoden Hegelscher oder irgend welcher philosophischen Anklänge, die nicht jedem Gebildeten geläufig wären.

Durch dieses Studium wurde Göschel in seiner Vaterstadt und in ganz Thüringen erst recht heimisch, und jede Stelle, ja fast jedes Haus, ward ihm durch die Ereignisse, die sich in einer Reihe von Jahrhunderten daran geknüpft hatten, wichtig und lieb. Von einer solchen auf Einsicht gegründeten Liebe zur Heimath hat der Unkundige keinen Begriff: sie ist aber ächtsächsisch und fand sich, wenn auch in minderem Grade, im vorigen Jahrhundert bei vielen städtischen und kurfürstlichen Beamten. Weil sie den Ursprung der Rechte und aller Verhältnisse, weil sie den innigen Zusammenhang aller herkömmlichen und gesetzlichen Ordnungen kannten, so schätzten sie die Weisheit der Alten, hielten gern das Bestehende aufrecht und ließen nur mit Vorsicht Neuerungen eintreten. Ein entschiedener Gegensatz gegen die neueste Zeit, wo das Bestehende wenig geachtet und von den Beamten, die fremd aus einem Ende der Monarchie in das andere geschleudert werden, selten gekannt wird, ja wo neue Ideen und neue Einrichtungen die alten Zustände und Rechte ohne Weiteres als vertrocknet und verjährt erscheinen lassen. Göschel war ein gesunder Sproß der guten altsächsischen Zeit, die allerdings auch viele faule Bäume und trockene Aeste trug. Eben darum barg er aber auch schon den edlen Samen der neuen preußischen Zeit in sich und dieses damals noch unentwickelte Doppelleben mußte in ihm ein Gefühl der Unbehaglichkeit und des innern Widerspruchs erzeugen, wovon er sich schwerlich Rechenschaft geben konnte. Mit tausend zarten Liebesketten war er an die Heimath, an die heimische Sitte und Gewohnheit gebunden, und doch stand sein strebender Geist als ein Fremdling darin, beklommen und gefesselt. Aber das mußte er nicht, er fühlte es nur, und es war in ihm beschlossen, Langensalza nicht zu verlassen, sondern da, wo seine Väter gewandelt, zu leben und zu sterben.

Zunächst bildete er sich zu einem tüchtigen praktischen Juristen und Beamten, indem sein rascher Geist, von bedeutenden Kenntnissen unterstützt, die Geschäfte leicht durchschaute und mit großer Schnelligkeit arbeitete. Er wurde bald Rechtsanwalt und Verwalter mehrerer Patrimonialgerichte in umliegenden Ortschaften, Stadtsyndicus in Thamsbrück, Senator zu Langensalza, auch zuletzt Vorsteher der Stadtverwaltungs-Commission. So half er die Zeit der französischen Herrschaft, das Kriegsjahr 1813, eine Ueberschwemmung im Juni 1815 und auch den Uebergang in die Neuzeit unter preußischem Scepter überstehen. Auch erschien er als Deputirter seiner Vaterstadt bei der Thüringschen Kreisdeputation in Naumburg a. d. Saale und wurde vom 7. März bis zum 8. Mai und wieder vom 14. Juli bis zum 31. August 1814 durch Dienstgeschäfte daselbst festgehalten. Seine vorzügliche Befähigung wurde von den oberen preußischen Provinzialbehörden bald nach der Besitzergreifung erkannt und von verschiedenen Seiten suchte man ihn in den Staatsdienst zu ziehen. Zufälligerweise geschah es, daß an einem und demselben Tage der nachmalige Staatsminister von Klewitz aus Erfurt und der Ober-Landesgerichts-Präsident von Gärtner aus Naumburg in Langensalza eintrafen, und sich beide bemüheten, ihn für ihr Departement zu gewinnen, ersterer für die Regierung zu Erfurt, letzterer für das Ober-Landesgericht zu Naumburg. Aber mit Bestimmtheit wies er damals alle Anträge zurück, so vortheilhaft und ehrenvoll sie auch für ihn waren, und erst später, als nach dem Tode des Ober-Landesgerichtsraths von Mandelsloh Herr von Gärtner seine Anträge erneuerte, ließ er sich auf Verhandlungen ein und folgte am 1. Februar 1819 dem an ihn abermals ergangenen Rufe.

Der vierte Band der gedruckten Chronik von Langensalza reicht bis zum 7. October 1813, also bis zu K. F. Göschels 29stem Geburtstage. Von den Jahren 1806—1813 berichtet er als Augenzeuge über die Ereignisse seiner Vaterstadt; jedoch ist bis dahin die Chronik mehr eine in Annalenform gekleidete Geschichte, als ein wirkliches Tagebuch. Aber „mit diesem Tage", schreibt er S. 425, „geht das wirkliche Tagebuch an, in welchem Tag vor Tag die Chronik fortgesetzt und der Geschichte der Vergangenheit angereiht wird, in welchem daneben, wo nöthig, die Zeitungsgeschichte der Tage niedergelegt und was uns sonst anmuthet, treulich mitgetheilt wird, auf daß sich zu allem dem, was wir im Rücken haben, frisch und ununterbrochen anspinne das Neue, dem wir täglich erst die Stirne bieten müssen." Dieses Tagebuch, das bis 1818 führt, ist leider noch ungedruckt geblieben, und man vermißt es um so schmerzlicher, da schon die Jahre von 1806—1813 Stellen enthalten, die einen ergreifenden Eindruck hinterlassen. Ein Beispiel mag genügen (Th. 4. S. 311). „Es war Nachmittags, am 14. October (1806), in denselbigen Stunden, wo das stolze Preußen bereits sein Grabeslied anstimmen und sein eignes Leichenbegängniß wimmernd begehen konnte, als die schöne Königin Luise durch unsere Stadt fuhr und beim Rathhause die Pferde wechselte, und unterdessen arglos zum Wagen heraussah. Am Schlage standen, mit der freundlichen Königin zu sprechen, der Officier ihrer Escorte, von Baillodz, und ein Gardeofficier, Namens von Schulenburg, welcher bisher allhier im Marschallischen Hause den französischen Gesandten La Foreste mehr bewacht als begleitet hatte, hernach aber auf eingegangene Estafette wieder freiließ. (In der Nähe spielten zwei Kinder, von welchen die Königin ein Glas Wasser begehrte, die jedoch schüchtern und verschämt den ehrenvollen Dienst der Magd überließen.*) Wir standen und schauten zu, nicht wissend, was eben [auf dem Schlachtfeld bei Jena] geschehen war und noch geschah. Noch erkannten wir nicht in Ihr die gebeugte Majestät, die zertrümmerte Herrlichkeit, die weinende Schönheit, die Flüchtige, der noch so viel Leid und Ungemach bevorstand, und der ja selbst die schwere Hand des Schicksals, welches sie geschlagen, so nah es hinter Ihr her eilte, noch nicht ganz bekannt sein konnte."

Am 7. October 1813 schließt der Chronist (Th. 4 S. 426 bis 428) mit einer ernsten Betrachtung ab, die für die Maitage des Jahres 1862 geschrieben erscheint. „Darum" — sagt er — „lasset mich, am Schlusse dieses Abschnitts der nachgetragenen Zeitgeschichte, zur Vorbereitung gewähren — und gönnt mir — Stärkung und Trost: denn inbrünstig steigt zum Himmel das Gebet, daß die Zukunft unserer schone und des Menschengeschlechts sich erbarme. Möge den leeren Bogen, die der Zukunft geweiht

---

*) Die eingeklammerten Worte stehen in einer Anmerkung des Herausgebers der beiden letzten Bände der Chronik, Christian Friedrich Hentschel.

sind zum Tagebuche, ein günstig Gestirn leuchten. Möge aber auch das Gemüth gewappnet sein für alles und beharren unter jedweder Schickung im Gebete.

Wer da sein Gemüth festiglich hält bei der goldgediegenen Fassung in den Ring des Nothwendigen, Unabänderlichen und Unvergänglichen, wer bei allem Schaukeln und Gaukeln der äußern Welt im Gleichgewichte besteht, wen kein Zufall aus den Angeln des Gemüthes zu heben vermag, der sei beharrlich mit uns in dem Herrn. Wer aber sein Gemüth nicht zu fassen weiß in den Cirkel des Himmlischen und Ewigen, wem jede Bewegung den Geist rüttelt und in Wellen auftreibt, wer da schwankt und zaget, wer da all sein Wissen und Denken und Wollen auf Sand gebaut hat, der ist wider uns und des Herrn Reich, der ist nimmer gewachsen dem schauerlichen Blicke in die Zukunft, der erliegt, wenn die Gewitter kommen; mindestens wünschen wir ihm, wie schon vor fünf Jahren, daß er in einer andern Zeit geboren wäre.

Fortan gehen wir jedem Tage der Zukunft erst entgegen [und er kommt über uns], ehe wir erfahren, was er verhängt, des Zeitpunktes harrend, welcher die Zeit auch für uns abschneidet: denn noch stehen wir vor dem Vorhange, der nicht aufrollt. Darum ist immer der neueste Tag der eigentliche Scheide- und Schneidepunkt, der sich immerdar zeigt als der jüngste Tag der Welt, in welchem wir der Zeitlichkeit absterben, die Rechnung unseres Lebens abgeschlossen bereit halten und die Ewigkeit anzufahen fertig sein sollen.

So erscheint uns fortan jeder Tag als der jüngste, auf daß er solchergestalt, ein Phönix, stets verherrlicht und verjüngt von Neuem aus seiner Asche sich erhebe. Solches ist aber die ächte Taufe und das Bad der Wiedergeburt, daß wir mit jedem jüngsten Tage sterben und von Neuem geboren werden unter der Taufe der Reinigkeit."

Auf das Reich des Herrn, auf das Gebet, auf geistliche Taufe und Wiedergeburt, auf Tod und Ewigkeit, auf den Tag des Gerichts weist hier mit christlichem Ernst am 7. October 1813 der theure Mann hin. Aber in seiner Sprache finden sich auch unverkennbare Anklänge an philosophischen Pantheismus, an Romantik, an pathetischen Schwung, an Alles, was uns etwa in Schleiermachers Reden über die Religion entgegentritt, und durch alle diese fremden Formen, die nicht bloße Formen sind, sucht das christliche Leben, das im Grunde der Seele arbeitet, sich hindurch zu ringen. Es fehlt ihm noch die Reife, die Selbständigkeit, die Einfachheit im Bekenntniß der evangelischen Wahrheit, wodurch sich der christliche Gnadenstand auszeichnet. Der Chronist sollte nicht allein, sondern in Verbindung mit einer Gehülfin seiner Freude zu dem Wendepunkte gelangen, wo die Kraft des Kreuzes Christi, selig zu machen Alle, die an Ihn glauben, nicht nur anerkannt und verehrt, sondern erfahren wird. Diese Erfahrung war ihm reichlich zu Theil geworden, als er, vierzig Jahre nach dem Beginn jener Chronik, am 18. October 1846 als Consistorial-Präsident in Magdeburg zu der ihm fast fremd gewordenen Jugendarbeit noch ein kurzes Schlußwort hinzufügte, worin er sagt: „So wird das Jahr, welches wir bald beschließen werden, für Langensalza ganz besonders zu einem nachhaltigen Buß-, Bet- und Dankfeste, an welchem auch der unterzeichnete Geschichtsschreiber seiner Vaterstadt, wiewohl er längst aus diesem seinem städtischen Lieblingsberufe entlassen ist, aus vollem Herzen Theil nimmt. Und was könnte ihm auch heilsamer sein, als daß er mit allen seinen werthen Landsleuten täglich Buße thue, zu immer stärkerem Glauben, täglich bitte und bete um den Frieden Gottes, welcher höher ist als alle Vernunft, täglich Dank sage für jeglichen Segen, der von Oben kommt." (Th. 4. S. 528.)

Am 30. December 1814 verlobte sich K. F. Göschel zu Langensalza mit einer Jungfrau aus einer angesehenen Familie seiner Vaterstadt, Emilie Gräser: am 2. Mai 1815 wurde die Hochzeit gefeiert. Diese Ehe war kinderlos, aber desto reicher gesegnet mit geistigen und geistlichen Blüthen und Früchten, an denen Unzählige sich erquickt haben: denn es ist Gottes Weise bei den Frommen, daß er große Entbehrungen durch größere Gaben ihnen vergütet. Wahr ist es, daß Kindersegen die größte Wonne und der eigenthümliche Schmuck der Ehe ist: die Versagung dieses Segens aber thut bitter wehe und erweckt tausend Fragen und Versuchungen in den Herzen der Gatten. Es ist viel zu überwinden, bevor Ehegatten sich an den Gedanken gewöhnen können, daß ihnen wol auf immer der süße Vater- und Muttername versagt sein soll. Aber wenn beide Theile im rechten Sinne sich darein fügen, diese Entbehrung gemeinschaftlich in Liebe zu ertragen, da tritt das geistige Ineinanderleben der Ehegenossen desto mehr als der einzige Zweck ihres Bundes in ihr Bewußtsein und sie genießen nun ihrer gegenseitig im Geiste in zartester Liebe und Schonung. Wir haben diese Verklärung einer kinderlosen Ehe auf dem Throne eines Königs gesehen; wir sind dessen auch Zeugen gewesen in dem ehelichen Leben Göschels mit seiner ersten Gattin Emilie. Schon als Kind war sie reich begabt, aber oft kränklich, und darum bei großer Lebhaftigkeit ungleich in ihrer Stimmung, bisweilen unendlich glücklich, bisweilen verstimmt und tief betrübt: voll Phantasie und Witz, offen für das verborgene Leben und Weben des Geistes, das sich in den sinnlichen Wahrnehmungen kund thut, sinnig nach Wahrheit forschend und Gottes geheimnißvollen Frieden suchend. Reich an Gemüth, eine Jungfrau voll Anmuth und schlank von Gestalt, so wurde sie zwanzigjährig dem dreißigjährigen Manne angetraut, um mit ihm Freude und Leid zu theilen, um mit ihm den Heiland der Seelen zu suchen und im Glauben zu finden. Gott führte aber die liebe Seele durch viele Schwachheiten des Leibes und damit verbundene Anfechtungen des Geistes dem Himmel entgegen und nach dreiundzwanzigjähriger Ehe ging die Vielgeprüfte am 26. April 1838 in einem Alter von 43 Jahren in Berlin zum ewigen Frieden ein. Nur wer diese edle Pilgerin mit ihren reichen Gaben des Geistes und des Herzens und mit allen ihren Leiden gekannt und an Göschels Seite gesehen hat, der kennt alle Kräfte der Liebe und Geduld, der zarten Schonung und Aufopferung, die in diesem Manne sich bewährt haben. Was er zum Verständniß und zum Preise der Ehe, als einer göttlichen Stiftung zum Heile der Menschen, geschrieben, das hat er durchlebt. "Siehe, wir preisen selig, die erduldet haben." (Jac. 5, 11.)

4. Die Lebensfülle in Naumburg a. S.
(Vom 1. Februar 1819 — 1. Juli 1834.)

"Und was er macht, das geräth wol." Pf. 1, 3.

Das Königliche Oberlandesgericht in Naumburg empfing in Göschel ein Mitglied, das sich durch gründliche Rechtsgelehrsamkeit, durch Scharfblick und Umsicht auszeichnete und dem die schwierigsten Arbeiten übertragen werden konnten, wie denn er es war, den um das Jahr 1832 der Präsident zur Ausarbeitung eines umfassenden Gutachtens in Gesetzes-Revisions-Angelegenheiten, das vom Justiz-Minister gefordert worden war, ausersehen hatte. Da er ebenso schnell als gut arbeitete, so behielt er immer noch viel Muße zu freier literarischer Beschäftigung und zur Uebung der Pflichten der Geselligkeit. Dabei besaß er große Milde und hütete sich wol, durch seine Ueberlegenheit schwächere Collegen zu drücken oder zu beschämen. Wenn er im Vortrage eines Collegen entdeckte, daß derselbe die vorzutragende Sache unrichtig aufgefaßt hatte, so wußte er denselben durch Fragen, die dem Anscheine nach nur zur eigenen Information gestellt waren, auf seinen Irrtum aufmerksam zu machen, was häufig eine vollständige Schwenkung im Vortrage zur Folge hatte. Dies rühmt an ihm ein Ohrenzeuge, der später selbst eine ausgezeichnete Laufbahn in der Justiz zurückgelegt hat.

Durch eine feine milde Sitte hatte Göschel die besondere Gabe, mittelst eines freien geselligen Gedanken-Austauschs unmerklich die Freunde zu belehren, und es fand sich damals ein ziemlich bedeutender Kreis von gebildeten Männern in Naumburg vereinigt, besonders seitdem durch den Landrath Lepsius, der als gründlicher Erforscher der vaterländischen Altertümer bekannt ist, im Anschluß an den Thüringisch-Sächsischen Verein für Erforschung des vaterländischen Altertums, eine literarische Gesellschaft (1821, October) entstanden war, in welcher die verschiedensten und manche sehr vorzügliche Gaben, auch entgegengesetzte Geistesrichtungen, durch Vorträge und Gespräche Gelegenheit fanden, sich mitzutheilen. Hier war Göschel ein besonders thätiges Mitglied und hier las er zuerst im J. 1825 den Aufsatz über die Rochuskapelle, eine Gewissensfrage, vor, der im Jahre 1834 im ersten Bändchen seiner Unterhaltungen zur Schilderung Göthe'scher Dicht- und Denkweise S. 154—175 gedruckt worden ist. Er beschreibt da einen schönen genußreichen Tag, den 14. Juli 1824, wo er mit einer heitern Gesellschaft auf dem Rhein von Mainz nach Bingen fuhr, und seine Darstellung ist an Schönheit der Form der bekannten Schilderung desselben Gegenstandes in Göthe's Werken ebenbürtig, führt aber zu einem entgegengesetzten Schluß. Göthe beschwichtigt, wenn auch nicht ohne Ironie, Alles, was einen heitern sinnigen Lebensgenuß stören könnte; Göschel aber wird durch die Erinnerung an die Selbstverleugnung des heiligen Rochus, dessen Kapelle vor ihm steht, zu einer Gewissensfrage hingedrängt, die er sich und seinen Freunden vorlegt: „Wie verträgt sich auch das edelste Genußleben mit der Wahrheit, die uns der Herr in der Geschichte des reichen Jünglings vorhält?" Er selbst trug damals unter dem schmucken Kleide des Genußlebens das Kreuz Christi im Herzen und auf den Schultern, und fing schon an, um des Bekenntnisses Christi willen zu leiden und Manchen, die ihm sehr nahe standen und die er gar lieb hatte, lästig zu werden. Er setzte in jedem Menschen ein Herz voraus, das, wenn es nur sich selbst recht verstände, zu Christo, zu Buße und Glauben, gezogen werden müßte, und wollte, ohne den Frieden der Geselligkeit zu stören, seine Freunde und Bekannte zum Verständniß dessen, was ihnen noth that, fördern. Am Schlusse der Vorrede zu den Unterhaltungen über Göthe (S. IX) spricht er aber seine eigne Erfahrung aus, indem er des Falles gedenkt, „wenn das Innerste in seiner unmittelbaren Fülle keine Aufnahme, sondern eitel Mißverständniß zu besorgen hat." Und er fügt hinzu: „Dann gilt es, Umwege einzuschlagen, um Eingang zu finden. Wer Alles auf einmal ausschütten wollte, der würde das Beste verschütten. Ein Platzregen läuft geschwinde ab, die Erde nimmt ihn nicht auf, besonders wenn sie fest ist; aber in leisen zarten Tropfen bringt der Regen ein und macht das Land fruchtbar." In diesem Sinne hielt Göschel oft an sich und ließ mit großer Geduld den Irrenden seine Zahlpfennige als Goldstücke in langer Rede auskramen, wenn er fürchten mußte, doch nicht verstanden zu werden. Aber er liebte den Thoren und suchte den Punkt zu finden, wo der Irrtum noch ein Fünklein Wahrheit in sich schloß. Damals war in ihm selbst aber nach langer Vorbereitung der volle Glaube zum Durchbruch gekommen und dazu hatte vielleicht besonders ein Ereigniß beigetragen, auf welches er selbst großen Wert legte. Seiner Frau war die Kur in Ems verordnet worden. Die Reise wurde Anfang Juli 1821 mit eigenen Pferden unternommen. Vor Steinau, auf dem Wege zwischen Fulda und Hanau, begegnete ihnen das Unglück, daß die Waage aus den Schrauben losging, worüber die Pferde durchgingen und den Wagen mit denen, die darin saßen, an einen Baum schleuderten. Er schreibt darüber: „Der Wagen ist zerbrochen, die Pferde sind sehr beschädigt, wir sind leicht verwundet, aber der arme Kutscher hat ein Bein gebrochen. Wir sind froh und dankbar, daß das Uebel, welches uns betroffen hat, kleiner ist, als das, was uns hätte betreffen können. Ich habe Gott knieend gedankt, daß er die Menschen erhalten hat." Dieses Dankgebet auf den Knien war ein Sieg über seine damals noch unreife Speculation, in welcher das Absolute den Absoluten, den lebendigen persönlichen Gott, der das Kleine wie das Große mit Liebe und Weisheit regiert, der Wunder thut, zu verschleiern drohete. Von nun an lernte er immer einfältiger glauben, immer tiefer sich beugen, und auch, was den Inhalt betrifft, immer richtiger speculiren. Denn er suchte mit der Speculation nicht mehr die Wahrheit zu finden, sondern die Wahrheit, die er hatte, zu ergründen und in wissenschaftlicher Form zu entwickeln.

In Naumburg war, wie in ganz Thüringen, die Oberflächlichkeit des Herzens, die jedem Adamskinde eigen ist, durch die Oberflächlichkeit des Verstandes, die der Rationalismus begünstigt, bei dem Volke wie bei den Gebildeten stark befestigt und mit Argus-Augen wachte Röhr in Weimar, um jeden Funken lebendigen Glaubens, den er Mysticismus nannte, sogleich zu ersticken. Nur der alte würdige Prediger an der Marienkirche in Naumburg, Staff, Vater des bekannten Homöopathen, blieb als unschädlich unangefochten, weil er in höchst anspruchsloser Weise im breiten Naumburger Volksdialect nur einem Häuflein armer Leute das reine Evangelium predigte. Indessen dieses kleine Häuflein wurde doch der Same einer gläubigen Gemeinschaft, deren Altvater ein armer Schuhmachermeister war, ein Mann von seltener Schrift- und Liederkenntniß und von gesalbter Rede, übrigens schwach und gemüthlich. Energischer war ein junger Lohgerbermeister, der mit der Brüdergemeinde in Verbindung stand, eine ringende Seele, zugleich ein Mann von gebildetem Verstande, der sich auch viel mit Botanik beschäftigte. Ein erweckter Gerichtsbote aus Potsdam mit seiner Frau, die Berliner Mundwerk hatte, brachte die Form der Frömmigkeit mit, die an der Havel und der Spree daheim war. Ein Lehrer am Domgymnasium, Sohn des ehrwürdigen Mathematicus Schmidt, der so lange in Schul-Pforte im Segen gewirkt hatte, wußte Humanismus und evangelischen Glauden mild neben einander zu pflegen. Aufsehen aber erregte nur der Arzt de Valenti im Weimarischen Städtchen Sulza, durch den Röhr so in Harnisch gebracht wurde, daß er nicht ruhte, bis er jenen aus dem Lande vertrieben hatte. Inzwischen aber hatte es Gott gefügt, daß als Rath an das Oberlandesgericht in Naumburg ein junger glaubensfreudiger, reichbegabter Mann versetzt wurde, der in den Freiheitskriegen als Officier, zuletzt in Blüchers Hauptquartier, gekämpft hatte, der in Berlin in den gebildetsten Kreisen den Segen inniger Glaubensgemeinschaft genossen, der keinen Menschen und am wenigsten die Nadelstiche der um Christi willen getragenen Schmach scheute, der mit Geistesschärfe die Gewissen seiner Freunde weckte, aber mit größter Geduld und Sanftmuth auch zu dem Geringsten und Schwächsten, der sich zu Christo bekannte, sich brüderlich neigte. Dieser Fremdling brachte eine große Bewegung in die stehenden Gewässer, und als nun auch zwei Geistliche, der eine in Naumburg, der andere in der Nachbarschaft auf der Kanzel Christum eindringlich bekannten und der Bewegung sich anschlossen, da erschrak Herodes und die Furcht des in seinem sichern Besitz gestörten geistlichen Schläfers erregte einen bangen gehässigen Widerwillen, der von Naumburg aus sich über Merseburg und Magdeburg bis nach Berlin zog. Göschel, der Mann des Friedens, schloß Freundschaft mit dem tapfern Kämpfer, hielt zum Panier des Glaubens, und nahm geduldig seinen Antheil von Schmach dahin, hielt aber mit verdoppelter Zärtlichkeit an seinen alten Freunden fest, deren edle Seelen ihm hochtheuer waren. Als er das oben erwähnte Gutachten in Sachen der Gesetzes-Revision in einer langen Sitzung vorgetragen hatte, sagte ihm beim Abschied unter großer Anerkennung der wolgeneigte Präsident: „Herr Collega, nun gehts bei mir zunächst aufs Sopha, und das wird wol bei allen Herren Collegen der Fall sein. Wenn ich aber nun erwäge, daß Sie den Vortrag gehalten haben, und daß Sie nothwendig am meisten erschöpft sein müssen, daß Sie aber nun erst auf die Knie fallen und beten, da muß ich doch sagen: Wie wollen Sie dabei bestehen?" Göschel hat erwiedert: „Wenns doch wahr wäre! ich werde aber wol auch das Sopha suchen müssen."

Der geistesstarke Frembling, der zu größeren Dingen aufbehalten war, schied nach wenigen Jahren zu Ende Juni 1826 von Naumburg, nachdem er einen guten Grund zur Befestigung im Glauben, zur Weckung des Zeugenmuths und zur Vereinigung der Bekenner aus allen Ständen gelegt hatte. Er schied als Wittwer und ließ ein Grab zurück von einer theuren Gattin, die nur wenige Monate an seiner Seite gelebt hatte, eine entschiedene Bekennerin, die aber so reich an holdseliger Liebe war, daß sie alle Herzen für sich, einige auch für die Liebe Christi gewann. Sie war am 6. April 1826 gestorben, wie ein frommes Kind stirbt. Göschel wurde nun der Leiter der kleinen Schaar von Gläubigen und Alles, was er begann, das gedieh. Er gründete einen Missionsverein, der anfangs auch in seinem Hause sich zu Missionsstunden vereinigte, bis dazu ein besonderes Lokal gemiethet war. Da feierte man selige Zeiten der ersten Liebe und wurden Manche zu den Gläubigen hinzugethan: Andere traten wenigstens näher und suchten das Heil. Ein angesehener Mann gab aber dem Missionsverein zu bedenken, daß es noch Heiden in Preußen gebe, die man bekehren sollte, die Zigeuner. Göschel faßte dies auf und gründete in Friedrichslohra, einer von Friedrich dem Großen zwischen Nordhausen und Bleicherode angelegten Colonie, wo viele Zigeuner lebten, eine Missionsstation. Bald flossen reichliche Beiträge zu, ein Grundstück wurde gekauft, ein Missionar angestellt, ein Erziehungshaus für Zigeunerkinder eingerichtet. Trotz aller Hindernisse, welche die schlauen Zigeuner in den Weg legten, ging die Sache sehr gut vorwärts und bei einer Visitation, welche unter Theilnahme des Bischofs Dräseke in Friedrichslohra abgehalten wurde, machte die neue Anstalt einen günstigen Eindruck. In der Folge jedoch, nachdem Göschel nach Berlin versetzt und die Leitung in andere Hände übergegangen war, mußte die ganze Stiftung aufgehoben werden, weil die Zigeuner, die sich keiner Zucht unterwerfen wollten, wegzogen und ihre Kinder mitnahmen. Ohne Göschels umsichtige und ausdauernde Leitung hätte die ganze Unternehmung nie zu Stande kommen können. Ihr kurzes Bestehen war aber nicht nutzlos: denn die dortige Anlage kaufte die Königl. Regierung, um sie zum Schulhaus zu bestimmen, und vorher diente die Sache wenigstens dazu, ein christliches Glaubenswerk zum Gegenstand der öffentlichen Theilnahme zu machen und Freunde heranzuziehen, die noch nicht so weit waren, daß sie unmittelbar an ein Werk des specifisch-christlichen Geistes sich hätten anschließen mögen. Ueberhaupt bewirkte Göschel durch seine hervorragende milde Persönlichkeit, daß das christliche Glaubensleben in seiner Umgebung mit einer gewissen Achtung anerkannt und geduldet wurde.

Er selbst nennt die in Naumburg verlebte Zeit die Idylle seiner Mannesjahre und dazu trug gewiß auch der Genuß der schönen Gegenden des Saalthales bei, welchem er durch seinen Einblick in die Geschichte der früheren Jahrhunderte und durch seinen christlichen Tiefsinn eine höhere Weihe zu geben wußte. Sein Buch über die Wartburg*) und seine Unterhaltungen**) auf einer Reise von und nach Naumburg geben davon Zeugniß, und er selbst sah solche Schriften als Tractate für die ästhetisch gebildete Welt an, wie er dies in einem Briefe vom 28. September 1826 mit folgenden Worten ausspricht: „Daß Ihnen mein Wartburgbüchlein nicht gefallen würde, konnte ich denken. Es ist Ihnen nicht direct, nicht einfach genug; Sie wollen nichts wissen von der Ironie, die das versteckt, was sie hat, und worauf sie hinarbeitet. Aber darüber sind Sie wol

---

*) Die Wartburg. Altes und Neues aus der Geschichte und aus dem Leben. Leipzig 1826.
**) Unterhaltungen auf einer Reise von und nach Naumburg a. S. über Jena, Rudolstadt, Saalfeld, Gera, Altenburg und Zeitz. Leipzig 1828.

mit mir einig, daß es an Tractaten für Gebildete, für belletristische Menschenkreise, die mir so sehr zuwider sind, gar sehr mangelt, und der gemeine Mann besser bedacht ist. Alle unsere schönen Tractätchen kommen nicht unter die Vornehmen; wie soll man ihnen also beikommen?" Besonders hatte er sich Göthe's Werke ausersehen, um an seine Worte deutend oder umdeutend Winke zur tieferen Belehrung anzuknüpfen, und man hat dieses sein Bestreben wol zu verächtlich angesehen, da Göthe selbst oft merken läßt, daß er hinter dem oberflächlichen Sinn einen tiefen Ernst verbirgt, und noch öfter jeder Mensch, vorzüglich der Dichter, mehr sagt, als er selbst erkennt. Göschel las wirklich in Göthe nicht nur, was dieser sagen wollte, sondern auch, was er gesagt hatte, ohne es zu wollen, und befolgte den vom Dichter empfohlenen Grundsatz: „Im Auslegen seid munter: legt ihr nicht aus, so leget was unter." Und ist es nicht eine Wolthat für den Dichter, wie für den Leser, wenn Jemand einem Worte, das räthselhaft in der Luft oder im Eiteln schwebt, eine gesunde Unterlage gibt? So scheint ein ziemlich platter Sinn in den Worten zu liegen:

> „Kein tolleres Versehen kann sein,
> Gibst einem ein Fest und labst ihn nicht ein."

Göschel gibt diesem Spruche eine Unterlage, indem er deutet: „Darüber lachen wir Alle, wenn es einem einmal begegnen sollte. Aber wir übersehen, wie oft wir in dasselbe tolle Versehen fallen. Wenn einer über die Mittel den Zweck vergißt, oder mitten im Leben nicht zum Leben kommt, wenn einer rennt und läuft und weiß doch nicht wohin, wenn einer weder Sonn- noch Festtag feiert, wenn einer arbeitet ohne zu beten, — so macht er's nicht um ein Haarbreit besser. Und es gibt wol noch viel mehr dergleichen Feste, wo die Hauptperson fehlt, weil der König des Festes nicht eingeladen wird, und der Wirt selbst sein Fest vergißt."*) Man sollte doch auch, wenn man über

---

*) Unterhaltungen zur Schilderung Göthe'scher Dicht- und Denkweise. Bd. 3. S. 89. (Nr. 101.)

Göthe urtheilt, erwägen, was dieser selbst über sich geäußert hat, wo er von dem Sächsischen Oberhofprediger Reinhard, mit dem er 1807 in Karlsbad zusammentraf, in folgenden Worten redet: „Seine schöne sittliche Natur, sein ausgebildeter Geist, sein redliches Wollen, so wie seine praktische Einsicht, was zu wünschen und zu erstreben sei, traten überall in ehrwürdiger Liebenswürdigkeit hervor. Ob er gleich mit meiner Art, mich über das Vorliegende zu äußern, sich nicht ganz befreunden konnte, so hatte ich doch die Freude, in einigen Hauptpunkten gegen die herrschende Meinung mit ihm vollkommen übereinzustimmen, woraus er einsehen mochte, daß mein scheinbar liberalistischer Indifferentismus, im tiefsten Ernste mit ihm praktisch zusammentreffend, doch nur eine Maske sein dürfte, hinter der ich mich sonst gegen Pedanterei und Dünkel zu schützen suchte. Auch gewann ich in hohem Grade sein Vertrauen, wodurch mir manches Treffliche zu Theil ward."*)

Eine Frucht von Göschels liebevollen Bemühungen, die Hindernisse des Glaubens im geselligen Verkehr zu überwinden, war auch die Schrift: „Cäcilius und Octavius, oder Gespräche über die vornehmsten Einwendungen gegen die christliche Wahrheit" (1828), wovon ein zweiter Theil ungedruckt geblieben ist. Von vielen Männern, die ihm wert waren, erkannte er, daß sie auf dem Grunde von Friedrich Heinrich Jacobi standen, in der Ueberzeugung, daß alles Wissen zum Unglauben führe, daß man von göttlichen Dingen nichts wissen könne und daß es dem frommen Gemüthe überlassen bleibe, sich seinen Gott nach Bedürfniß zu erträumen. Dieser Verzweiflung an der Wahrheit setzte er die Ueberzeugung entgegen, daß die in Schöpfung und Erlösung offenbarte Wahrheit Gottes dem Menschengeiste zugänglich sei, im Begriffe erfaßt werden könne, und so entstanden seine „Aphorismen über Nichtwissen und abso-

---

*) Göthes Werke. Bd. 32. (Jahreshefte) S. 16.

lutes Wissen im Verhältnisse zur christlichen Glaubenserkenntniß" (1829), nach seinem Sinne auch ein Tractat für die Gebildeten, aber in dialectischer Form. Er wollte beweisen, daß Glauben und Wissen, obwol verschieden, doch nie ganz von einander getrennt werden dürfen, und daß ein Glaube ohne alles Wissen, ohne alle Lehre, nichts anders als Unglaube, ein Wissen ohne Glauben inhaltslos, mithin Nichtwissen sei. Diese Schrift war einerseits eine Apologie der Grundlagen der christlichen Glaubenslehre, andererseits aber zugleich auch eine Apologie der Hegelschen Philosophie, die Hegel mit Freuden als eine unerwartete freundliche Begrüßung aus dem pietistischen Lager aufnahm und öffentlich belobte, wodurch Göschel zuerst eine Celebrität als Schriftsteller, und zwar als Hegelianer, erhielt. Aber er unterschied sich doch immer nicht nur von den Hegelianern, sondern auch von Hegel selbst dadurch, daß er, auf Principien der Hegelschen Philosophie fußend, erkannte, daß das Allgemeine zugleich Besonderes und Einzelnes, das Absolute Person sein müsse, und daß er fest überzeugt war, daß die absolute Person eben der geoffenbarte Gott sei, der Himmel und Erde geschaffen, und den wir Christen als den Vater unsers Herrn Jesu Christi anbeten. Wenn Hegel dies noch nicht glaube, so habe er die Folgerichtigkeit seiner Speculation nur nicht bis auf ihr Endziel durchgeführt. Hegel war im J. 1832 gestorben, ehe Göschel nach Berlin kam: aber mit den Hegelianern daselbst hat er in gutmüthigem Vertrauen zu seiner guten Sache sich in wissenschaftliche Gespräche eingelassen, freilich ohne die Genugthuung zu erlangen, sie zu bekehren. Das höchste Interesse seines Lebens hing an den zwei Cardinalpunkten, erstens, daß das Christentum Wahrheit sei, und zweitens, daß die Wahrheit dem menschlichen Geiste erkennbar ist, nicht nur oberflächlich, sondern in ihrem Grunde. Glaubensvoll und hoffnungsreich folgte er dem Rufe nach Berlin: neue Aufgaben erwarteten ihn dort, und neue Studien beschäftigten ihn: aber das Leben in Christo und das Trachten nach vollster Erkennt=

niß der göttlichen Geheimnisse blieb sein verborgener Schatz, verbunden mit dem demüthigen Bekenntniß: „Nicht, daß ichs schon ergriffen hätte!"

5. Eilf Jahre in Berlin.
(26. Juni 1834 — 12. Juli 1845.)

„Wie das Feuer Silber und der Ofen Gold,
so prüfet der Herr die Herzen."

Berlin ist dafür bekannt, daß es seine Leute schnell abnutzt und besonders für auswärtige Celebritäten, die dahin berufen werden, ein gefährlicher Ort ist, weil sich viele einheimische Namen finden, an denen sie gemessen werden, und weil, in den Strudel der großstädtischen Geselligkeit hineingerissen, sie leicht die innere Sammlung verlieren, auf welcher die originale Productionskraft beruht, und, falls sie in Jahren schon etwas vorgerückt sind, nur etwa einige Zeit noch von den Vorräthen zehren, die sie früher gesammelt. Andererseits hat diese Stadt, als Mittelpunkt eines ansehnlichen Reichs und als eine Metropole des Geistes, auch viel belebende Kraft, und durch den Zusammenfluß vieler bedeutender Menschen wird das geistige Leben angeregt und erfrischt. Göschel war funfzig Jahre alt, als er nach Berlin verpflanzt wurde, und fühlte nur die wolthuenden Einflüsse der freieren bewegteren Sphäre, in welcher er neue Nahrung für seine geistige Thätigkeit fand. Seine innere Sammlung war durch den Geist des Gebets, der ihn begleitete, und durch die häuslichen Leiden, die Gott über ihn verhängte, gesichert. Die Kränklichkeit seiner ersten Gattin steigerte sich in Berlin von Jahr zu Jahr und die gesunderen Zwischenzeiten zwischen heftigen Anfällen wurden immer kürzer: der Jammer war bisweilen herzzerreißend. Ihr Gatte aber trug sie in diesen Schwachheiten mit einer Geduld, Zartheit und Treue, wie sie in diesem Maße auch in den besten Ehen gewiß selten gefunden wird. Aber dafür empfing er auch viel von der Kranken, in deren Herzen aus dem tiefsten Dunkel der Anfechtungen das Licht immer wieder aufging und sich in heitern originalen Aeußerungen des Glaubens und der Liebe erwies, die allen ihren Freunden unvergeßlich sind. Sie wandelte in der Wahrheit und sagte einfältig, was sie dachte, ohne zu besorgen, daß sie dadurch die Eigenliebe verletzte. Als es ihrem Manne einst begegnete, daß er im Gespräch sich philosophischer Terminologie bediente, sprach sie zu ihm: „Mein Fritzchen, übersetze mir das einmal ins Deutliche!" und in ähnlicher Weise führte sie ihn und andere Freunde oft mit aller Anmuth auf den Grund der Wahrheit und Einfalt zurück. Die Gedichte, mit welchen sich beide Ehegatten bis zuletzt an ihren Geburtstagen und bei andern Gelegenheiten einander begrüßten und die von dem Ueberlebenden gesammelt sind, enthalten werthvolle Zeugnisse zarter, treuer ehelicher Liebe und gläubiger Ergebung. Sie hatte große Freude am Leben und an Gottes herrlicher Schöpfung: sie leugnete nicht, daß sie sich vor dem Tode fürchtete. Als aber die Zeit zum Sterben kam, erwartete sie ihr Ende mit voller Fassung und ordnete noch Vieles an, was sich darauf bezog. So entschlief sie im Herrn am 26. April 1838 und ließ Göschel als Wittwer zurück. Drittehalb Jahr blieb er in dem betrübten Wittwerstande, fand aber am 15. September 1840 in der vielgeprüften Freundin seiner seligen Frau, Mathilde gebornen von Dalwigk, verwittwet gewesenen Frau von Cardorf, eine treue Begleiterin und Trösterin für den Abend seines Lebens, deren immer gleicher Seelenfrieden ihm die Beschwerden und Kümmernisse der späteren Jahre erleichterte. Sie brachte ihm, dem kinderlosen Kinderfreunde, als erwünschteste Mitgift einen Sohn aus ihrer ersten Ehe zu, Wilhelm von Cardorf, der damals noch ein Knabe war, welcher zu den schönsten Hoffnungen berechtigte. Diesem wurde er ein liebevoller zärtlicher Vater und blieb es bis an sein Ende. In den ersten Jahren wurde er mit dem Sohne ein Kind und wie ein mit ihm lernender Schüler. Als derselbe herangewachsen war, fand er eine Freude darin, sich mit ihm über historische und politische oder über juristische und kirchliche Dinge vertraulich auszusprechen. Nah oder fern, zu jeder Zeit und in jeder Lage war er der Gegenstand seiner innigen Liebe und inbrünstigen Fürsorge und Fürbitte.

Im Justizministerium trat Göschel unter dem Minister von Mühler in ein reiches Arbeitsfeld ein, in welchem er die von ihm gehegten Erwartungen rechtfertigte, vielleicht noch übertraf. Dabei blieb ihm dennoch Zeit genug übrig, nicht nur die mannigfaltigsten geselligen Verbindungen mit den vorzüglichsten Männern zu pflegen, sondern auch seiner schriftstellerischen Mission zu genügen. Es lag ihm am Herzen, die mechanischen und rationalistischen Ansichten in der Jurisprudenz und in den Gemüthern der Juristen zu bekämpfen und manchen alten Sauerteig auszufegen. Zu diesem Zwecke setzte er ein Werk fort, das er schon in Naumburg begonnen hatte: „Zerstreute Blätter aus den Hand- und Hülfs-Acten eines Juristen."*) Auch hat er ein juristisches Gesangbuch angelegt, ein christliches Gesangbuch nämlich, in welchem nur Lieder aufgenommen sind, deren Verfasser Juristen waren: dies ist aber bis jetzt noch ungedruckt geblieben. Die „Zerstreuten Blätter" enthalten in der losen Form dialectischer Conversation viel Vortreffliches nicht allein für Juristen, sondern auch für andere Leser, namentlich Theologen, die überhaupt von erleuchteten Juristen noch viel zu lernen hätten, wie die Juristen auch wohl thun, wenn sie bei erleuchteten Theologen in die Schule gehen. Göschel ist ein geschickter Vermittler zwischen Theologie und Jurisprudenz und hat gleich in dem ersten Bande seiner zerstreuten Blätter einen beachtenswerten Versuch gemacht, die tiefsinnige theologische Ge-

---

*) Zerstreute Blätter aus den Hand- und Hülfsacten eines Juristen. Wissenschaftliches und Geschichtliches aus der Theorie und Praxis oder aus der Lehre und dem Leben des Rechts. Herausgegeben von K. F. Göschel. Bd. I. Erfurt 1832. II. Schleusingen 1835. III. 1837. IV. 1842.

nugthuungslehre zu erläutern.*) Besonders reich ist das Eherecht bedacht und der dritte Band**) enthält eine Sammlung von höchst lehrreichen „Dornenstücken aus der Geschichte des Eherechts", eine Reihe von Irrungen und Zerwürfnissen in den Ehen von Königen und Königinnen. Der vierte Band (III. Abth. 2) gibt eine reiche Blumenlese aus der Lebensgeschichte frommer Juristen aller christlichen Jahrhunderte. Am Schlusse gedenkt er noch seiner in Naumburg verstorbenen lieben Collegen Pinder, Vater und Sohn, und seines eigenen seligen Vaters († 1835). Die Läuterung der Rechtswissenschaft von pantheistischen Irrtümern hatte er im Auge bei einer Vertheidigungsschrift für Götze's Provinzialrecht der Altmark.***) Gegen denselben pantheistischen Standpunkt kämpfte er aber auch auf dem Gebiete, das der Theologie eigentümlich angehört, wobei seine Uebung in philosophischer Speculation ihm zu Statten kam, nicht als ob er die christliche Wahrheit erst durch logische Künste gefunden hätte, sondern es war ihm nur darum zu thun, die Ungläubigen, die sich auf ihre speculative Philosophie stützten, auf ihrem eigenen Felde und mit ihren eigenen Waffen zu schlagen. In diesem Sinne schrieb er gegen einen Herrn Richter in Magdeburg zur Vertheidigung der Unsterblichkeit der Seele†) und gegen David Strauß für die Lehre von der Gottheit Christi.††) Er ging davon aus, daß die Principien des Glaubens und die Thatsachen der christlichen Offenbarung, welche

---

*) Zerstreute Blätter Bd. I. Nr. 35. S. 468—494.

**) Bd. III. 1. S. 333—402.

***) Das Particularrecht im Verhältnisse zum gemeinen Rechte und der juristische Pantheismus. Berlin 1837.

†) Von den Beweisen für die Unsterblichkeit der menschlichen Seele im Lichte der speculativen Philosophie. Eine Ostergabe. Berlin 1835.

††) Beiträge zur speculativen Philosophie von Gott und dem Menschen und von dem Gott-Menschen. Mit Rücksicht auf D. D. F. Strauß's Christologie. Berlin 1838.

die Bibel und die Kirche bekennt, so unzweifelhaft fest stehen, wie der Brocken und das Fichtelgebirge, das man mit Augen sieht: wollte aber darthun, daß diese Wahrheiten, so gut wie die Erscheinungen der Natur, sich erkennen, in Begriffe fassen und in das System der menschlichen Erkenntniß einfügen lassen. In der Hochschätzung der philosophischen Methode steht er hierbei nicht besser und nicht schlechter als zu seiner Zeit Anselmus von Canterbury gegenüber einem Gaunilo, der ihn darüber anfeindete*): den ungläubigen Speculanten aber wollte er dienen als ein Führer zu Christo, und daß er manchem jüngeren Forscher diesen Dienst wirklich geleistet hat, das beweisen viele Dankschreiben, die er von Unbekannten erhalten. Und wenn ihn die junghegelsche Schule, der er im Anfang mit Liebe nachging, um sie vom Irrtum ihres Weges zurückzuführen, nach einigen vergeblichen Versuchen verspottet hat, so ist das die Schuld ihres kecken Unglaubens, nicht aber die Folge ihrer Stärke in der speculativen Philosophie. Er aber liebte die Irrenden, und zwar nicht nur wenn er sie zu gewinnen hoffte, sondern auch nachdem sie seine Hülfe von sich gestoßen, ja selbst wenn sie ihn verhöhnt hatten, und es war eine Frucht seiner unablässigen Fürbitte, daß er ihnen gelegentlich zuerst freundlich die Hand bieten konnte und mancher nach Jahren seine Schuld gegen ihn beschämt und ehrlich, ja öffentlich eingestanden hat. Ein bitteres Leid war es für ihn, wenn seine christlichen Freunde ihm wegen seiner speculativen Richtung mißtrauten oder darüber als über eine gefährliche Spielerei die Achseln zuckten. Vielleicht hätten sie in dieser Beziehung mehr Respect vor seiner Gabe und mehr Anerkennung für seinen Beruf gehabt, wenn er die strenge wissenschaftliche Form streng inne gehalten und ein gründlich durchgeführtes System dargelegt hätte. Aber seine Schriften dieser Art waren nur Gelegenheitsschriften und zugleich Herzensergüsse, und forderten Leser, die schon ganz in sein Ge-

---

*) In dem Liber pro insipiente.

dankensystem eingeweiht waren: für Andere mochten sie wol anregend und im Einzelnen vielfach belehrend sein, aber nicht befriedigend. Die meiste Anerkennung von Seiten ernster Christen fand sein Buch über den Eid.*)

Göschel ist als Schriftsteller verkannt und misverstanden worden, weil man ihn als Menschen zu wenig erkannte, sei es nun, daß die Gelegenheit dazu fehlte oder die Fähigkeit oder der gute Wille. Der gute Wille dazu aber fehlte hier und da, weil sich frühzeitig das Vorurtheil festgestellt hatte, als sei er von einer närrischen Vorliebe für Göthe und Hegel besessen. Obgleich nun diese Vorliebe wirklich stattfand und er bei Beiden gern Alles zum Besten deutete, so war sie doch nicht so närrisch, wie man meinte: er liebte nicht ihre Fehler, sondern ihre Tugenden, denen er etwas Großes zu verdanken sich bewußt war, nämlich die Gabe einer in das Herz der Dinge und der Personen eingehenden Erkenntniß. Von Hegel hatte er die Theorie, die Methode dieser Erkenntniß, von Göthe die Anwendung gelernt, und hatte Beide vielleicht besser verstanden, als sie sich selbst, indem er das erkannt hatte, was der Geist in ihnen suchte und erstrebte, was sie selbst aber innerhalb ihrer Schranken nur unvollkommen leisteten. Von Hegel hatte er gelernt, daß das Allgemeine allein das Seiende und Wertvolle ist, das Einzelne aber, blos in seiner Vereinzelung betrachtet, unwirklich und vergänglich ist: aber auch umgekehrt, daß das Allgemeine nur in der Gestalt des Einzelnen lebt und erscheint, indem es sich selbst vielfach sondert, vertheilt und wieder verknüpft. Dadurch entsteht ein Organismus von Einzelheiten, die sich als Individualitäten in Arten und Gattungen enger zusammenschließen und aneinander reihen, aber immer nur in einer beschränkten Weise das Allgemeine als den Geist in sich tragen und abspiegeln, der Geist selbst aber, der Alles schaffet und Alles beherrscht, ist so-

---

*) Der Eid nach seinem Principe, Begriffe und Gebrauche. Theologisch-juristische Studien. Berlin 1837.

wol für sich, abgesondert, als auch im Zusammenhang mit Allem, Alles in sich begreifend: das Allgemeine so zugleich als Einzelner für sich und doch auch Alles in Allen erfüllend ist Gott als der Geist und als Vater der Geister. Die Menschheit ist eine besondere Schöpfung Gottes, welche als ein relativ Allgemeines auch nur in Einzelnen besteht, von denen Jeder das Allgemeine der Menschheit in sich darstellt, aber nur in seiner eigenthümlichen Weise, obwol Keiner außer Zusammenhang mit dem absolut Allgemeinen, mit Gott als dem Geiste. Die vollkommene Gemeinschaft der Menschheit mit Gott ist aber auch nur in einem Einzelnen wirklich und ist nur in der Verbindung mit diesem Einzelnen Allen zugänglich, und dieser Einzelne, in dem das Allgemeine der Menschheit, der Menschengeist, in seiner vollkommenen Gemeinschaft mit dem allgemeinen Geist, mit Gott, wirklich geworden und erschienen ist und ewig ist und wirkt, ist Jesus Christus. In diesem Sinne denkt Göschel, und dies ist ja wol verständig und verständlich. Wenn das Allgemeine, der Geist, als Einzelnes erscheint, und in Verknüpfung mit andern Einzelnen, die am Allgemeinen als dem Geiste Antheil haben, so kommt diesem Einzelnen Persönlichkeit zu: Person ist der Einzelne, der das Allgemeine in sich hat und sich als Mitträger des Allgemeinen weiß: Gott aber ist die absolute Persönlichkeit und der Schöpfer aller Persönlichkeit, wie aller Dinge. Wir können dies nicht weiter verfolgen, müssen aber darauf aufmerksam machen, daß Göschel keineswegs blos von Hegel gelernt hat, der selbst das Sein des Allgemeinen im Einzelnen vielleicht zu wenig in seiner Speculation gegenwärtig behielt, sondern daß er die Geschichte der Philosophie und namentlich die Geschichte der mittelalterlichen Untersuchungen und Streitigkeiten über Nominalismus und Realismus genau durchforscht hat, wovon seine Schrift über Gott, den Menschen und den Gott-Menschen Zeugniß gibt. Es kann uns hier gleichgültig sein, ob Göschel die philosophische Methode für die Erkenntniß und Darstellung der christlichen Wahrheit überschätzt hat oder nicht, ob Irrtümer und Lücken in der von ihm für bündig gehalteuen Beweisführung sich finden, und ob er die Wahrheit, die er durch Gottes Gnade unmittelbar oder auf anderen Wegen empfangen hatte, in philosophische Ausdrücke faßte, die für Andere nicht diesen Sinn hatten. Menschen voll Geistes dienen oft unzureichende Mittel als Führer oder Gefäße der Wahrheit, weil der Herr, der der Geist ist, die unvollkommene Formel durchleuchtet, und diese Formel gewinnt dann in ihren Augen einen hohen Wert. Das Wichtigste für die Würdigung dieser Menschen und für die Geschichte ihres christlichen Lebens ist aber nur dies, daß sie die Wahrheit in dieser Gestalt dennoch unverfälscht und unverkürzt hatten. Göschel hatte sie so und stellte oft die einfache Darstellung des christlichen Bewußtseins neben die abstractere philosophische Terminologie.

An Göthe fesselte ihn die liebevolle Hingebung an das Einzelne, mit welcher derselbe als Dichter und Naturforscher die Wahrheit sucht, um in dem einzelnen Phänomen, in der Erscheinung, das allgemeine bindende und verknüpfende Gesetz zu finden. Dabei war er nicht blind gegen Göthe's und Hegel's Mängel: aber er sah dieselben an, wie man eine Krankheit, einen Fehltritt einer geliebten Person ansieht: sie schmerzten ihn und er sah es ungern, wenn Andere, die das Gute an ihnen gar nicht zu erkennen, zu verstehen, zu schätzen schienen, darüber aburtheilten. Und dies war der Grund, weshalb er auch parteiisch für jene seine Wohlthäter wurde und sich fortreißen ließ, mehr zu beschönigen, als sich rechtfertigen ließ. Welcher Apologet sich ohne Sünde weiß, der werfe den ersten Stein auf ihn!

Zur Naturforschung fühlte sich Göschel nicht hingezogen, weil das Allgemeine in den einzelnen Naturgegenständen nicht zur selbständigen Einzelheit, zur Person wird, sondern nur an denselben, als sie bestimmend, sich kund thut. Desto mehr aber hat er von Jugend auf die Geschichte geliebt und vorzugsweise deren biographisches Element, namentlich die Seelengeschichte frommer Christen. Davon zeugen die vielen Lebensbilder, die er entworfen hat: es waren bald fromme Juristen, bald Prediger, bald Liederdichter, mit denen er sich beschäftigte, und aus deren Leben er leuchtende Züge hervorhob. Seit dem Jahre 1838 hat er besonders frommen Fürstinnen des preußischen Königshauses und verwandter Häuser seine Aufmerksamkeit gewidmet und in einer Reihe von Jahren nach und nach eine Galerie solcher hochgestellten frommen Frauen erscheinen lassen. Er that dies meistens zum Besten eines wohlthätigen Frauenvereins, um die Mittel zu einer Weihnachts-Bescheerung für arme Kinder zu vermehren und damit zugleich die Liebesthätigkeit seiner zweiten Gattin zu unterstützen. Von einer andern Seite führte ihn aber sein Amt, eben auch seit 1838, in tiefere kirchengeschichtliche Studien ein, indem ihm im Justiz-Ministerium die Sachen, welche die von der Landeskirche separirten Lutheraner betrafen, zur Bearbeitung übergeben wurden. Die Theilnahme an diesen Glaubensbrüdern, die einer königlichen Idee zu Liebe aus ihrer eigenen lutherischen Landeskirche durch den allzu dienstfertigen Eifer mancher Personen und Behörden sich hinausgedrängt und dann als Widerspenstige verfolgt sahen, war bei mehreren Richtern, die sie mit Geld- und Gefängnißstrafen belegen mußten, durch den Sinn für das Recht erweckt worden, durch den Sinn für das ererbte Recht der Confessionen und durch den Sinn für das unveräußerliche Recht der Gewissen. Auch Göschel hatte früherhin sich mit dieser Theilnahme begnügt, ohne tiefer über den eigentümlichen Inhalt der lutherischen Confession nachzuforschen. Aber nun wurde es ihm Amts- und Gewissenssache, sich genauer mit der Geschichte und dem Inhalt des lutherischen Bekenntnisses bekannt zu machen, und die Folge dieses Studiums war, daß er sich gedrungen sah, ein amtlicher Zeuge für das Recht und die ursprüngliche Verfassung der lutherischen Confession, wie sie im nördlichen Deutschland sich ausgebildet hatte, zu werden. Dies geschah nicht auf einmal und seine Pietät gegen das preußische Königshaus hielt ihn stets in den Schranken der Mäßigung. Unter Friedrich Wilhelm IV. wirkte ihm der Minister Eichhorn im Jahre 1841 bei dem Justizminister auf längere Zeit die Befreiung von andern Arbeiten aus, damit er sich fast ausschließlich den lutherischen Kirchensachen widmen möchte, und, je mehr er sich in diese Sachen einlebte, desto mehr wurde er an maßgebenden Stellen eine Autorität, auf die man hörte. Zu Anfang des Jahres 1845 wurde er zum Mitglied des Staatsraths ernannt: am 29. Januar desselben Jahres wohnte er zum ersten Male einer Sitzung bei und am 19. April hielt er in Gegenwart des Königs und der Prinzen vor dem Staatsrathe einen umfassenden Vortrag in Sachen der von der Landeskirche getrennten Lutheraner. Er leitet diesen Vortrag mit folgenden Worten ein: „Mit der Angelegenheit der separirten Lutheraner bin ich in mehr als einem Stadium ihrer Entwickelung dienstlich und commissarisch beschäftigt gewesen. Ich habe daher Gelegenheit gehabt, sowol von ihrer Persönlichkeit als auch von ihrer Sache nähere Kenntniß zu nehmen; ich habe auch nicht unterlassen können, wenigstens in Berlin ihre Gottesdienste auf einem gemietheten Wollboden zu besuchen und die Bekenntnißschriften, worauf sie sich stützen, noch einmal genau zu lesen: ich habe so in ihre Schwächen und Gebrechen eingesehn, aber auch ihre ehrenwerthen Seiten für die Person und das gute Recht ihrer Sache sowol als das Unrecht der Separation näher kennen gelernt. Darum muß ich mich für verpflichtet halten, zu der gegenwärtigen wichtigen und folgenreichen Berathung auch meinen geringen Beitrag abzugeben." Sein auf gründlicher Sachkenntniß beruhendes Zeugniß konnte nicht unbeachtet bleiben: am 23. Juli 1845 erfolgte die General-Concession für die von der Gemeinschaft der evangelischen Landeskirche sich getrennt haltenden Lutheraner.

Göschel war darauf gefaßt gewesen, mit seiner Schutzrede anzustoßen und vielleicht selbst an allerhöchster Stelle in den Verdacht zu gerathen, als ob auch er eine geheime Neigung zur

Separation nährte, weil er ein offenes Bekenntniß für Lehre und Recht der lutherischen Confession abgelegt hatte. Denn es lag nicht fern, zu argwöhnen, daß der Tadel, den er zugleich gegen die Separation ausgesprochen, nicht auf voller Ueberzeugung beruhte, sondern nur eine kluge Concession sei, die er sich erlaubt habe, um als unverdächtiger Zeuge zu erscheinen. Damit hätte man seinen redlichen Sinn freilich sehr verkannt: denn die deutsche Sitte der lutherischen Confession, zu bekennen und zu leiden, aber der Obrigkeit, auch der wunderlichen und verfolgenden, unterthan zu sein, Moses und Aaron, Staat und Kirche nicht auseinander zu reißen, galt ihm als ein wesentlich christliches, heiliges Dogma und alles revolutionäre Treiben oder was sich nur entfernt demselben anzunähern schien, war ihm ein Greuel. Er wollte keine andern Siege als die, durch welche der christliche Glaube im römischen Reiche gesiegt und endlich den Staat christlich gemacht hatte, nach der Lehre des Apostel Petrus, der 1 Petr. 2, 15—17 schreibt: „Das ist der Wille Gottes, daß ihr mit Wohlthun verstopfet die Unwissenheit der thörichten Menschen, als die Freien, und nicht als hättet ihr die Freiheit zum Deckel der Bosheit, sondern als die Knechte Gottes. Thut Ehre jedermann: habt die Brüder lieb: fürchtet Gott: ehret den König." Und zu seinem freudigen Erstaunen sollte er bald inne werden, wie der König seine Gesinnung vollkommen verstanden und gewürdigt hatte. Es war kaum ein Monat nach jenem Vortrag vergangen, als Göschel zum Consistorial-Präsidenten der Provinz Sachsen ernannt wurde. Ueber diese Ernennung, die für ihn in der Folge so verhängnißvoll wurde, spricht er sich selbst später in einem ungedruckten Aufsatz über seinen Amtsabschied folgendermaßen aus:

„Im Mai 1845 wurde das Ober-Präsidium der Provinz Sachsen erledigt. S. M. der König beschloß zu desto bestimmterer Unterscheidung der Staatsregierung und der Kirchengewalt das Präsidium des Consistoriums für diese Provinz von dem dortigen Ober-Präsidium zu trennen und zum Präsidenten des

Consistoriums in gleicher Stellung mit dem Ober-Präsidenten mich zu ernennen. Die erste Nachricht davon erhielt ich zu meiner nicht geringen Ueberraschung in den ersten Tagen des Monat Mai: am 27. Mai erging an mich deshalb Allerhöchster Cabinetsbefehl und die Ausfertigung der Bestallung erfolgte unterm 17. Juni. Meine Ernennung zu dem hohen Kirchenamte kam Vielen, auch meinen nächsten Freunden, unerwartet: denn meine Stellung zur evangelischen Union war nicht unbekannt: ich hatte sie noch kürzlich im K. Staatsrathe vor S. M. und den Prinzen K. H. ausgesprochen." — „Demgemäß wurde ich an die Spitze der evangelischen Kirchenverwaltung in der Provinz berufen, welche das Geburtsland der Reformation in sich schließt. Dieser Provinz hatte ich von Jugend auf angehört, bis ich im Jahre 1834 nach Berlin berufen wurde. Um so höher schlug mir das Herz für die neue Bestimmung; aber leicht ist mir demohngeachtet diese Amtsveränderung im vorgerückten Lebensalter nicht geworden: ich hatte manche Bedenken dagegen auf dem Herzen: ich hatte mich namentlich zu prüfen, ob ich auch der Mann dazu sei; aber ich war gerufen, ich folgte dem Rufe, nicht ohne ernste Erwägung im Aufsehn zu dem, der in den Schwachen mächtig ist. Je weniger mir die Schwierigkeiten des neuen Amts in der jetzigen Zeit entgehen konnten, um so bestimmter hatte ich für dasselbe zum Voraus diejenige dienstliche Stellung mir bedingen müssen, welche die Consistorial-Verfassung grundsätzlich mit sich bringt, welche zur Unterscheidung von der Staatsverwaltung und zur geordneten Selbständigkeit erforderlich ist. Unter dieser Voraussetzung trat ich in das ernste Amt, wozu mir außer Privatstudien auch meine dienstliche Laufbahn eine Vorbereitung gewesen war; denn im Justiz-Ministerium war ich mit geistlichen Angelegenheiten aller Art beschäftigt gewesen. Ich hatte auch zu der Commission gehört, welche in Folge der Irrungen zwischen der Staatsregierung und der römischen Kirche niedergesetzt, so wie zu der, welche das Rechtsverhältniß zu den separirten Lutheranern zu reguliren bestimmt war. Später hatte ich auch einen besondern Auftrag erhalten, eine Annäherung der Separirten zu der Landeskirche zu versuchen. In besonderm Auftrage des geistlichen Ministeriums hatte ich nicht minder aus Acten und Büchern eine Geschichte der evangelischen Kirchenverfassung zusammengestellt und an das Ministerium eingereicht." So ausgerüstet trat Göschel zu Anfang Juli 1845 sein wichtiges Amt in Magdeburg an.

6. Der Consistorial-Präsident in Magdeburg.
(12. Juli 1845 — 10. Juni 1848.)

> „Mir ist eine große Thüre aufgethan, die viele Frucht wirket, und sind viele Widerwärtige da."
> 1 Corinth. 16, 9.

Als Göschel am 12. Juli 1845, in seinem 61sten Jahre, aber noch in voller Geistesfrische, nach Magdeburg kam, erschien er wie eine Verheißung neues Lebens für die Provinz Sachsen, und es eröffnete sich ihm um so mehr ein weites Feld gesegneten Wirkens, da gleichzeitig den Consistorien eine umfassendere Vollmacht gegeben wurde, indem der König durch ein neues organisches Gesetz*) die Verfügung über die geistlichen Stellen königlichen Patronats in ihre Hände legte. Die Universität Halle hatte seit einigen Jahrzehnten ein jüngeres Geschlecht von gläubigen Theologen gebildet, von denen Viele schon in gesegneter Thätigkeit im Pfarramte standen und brüderlich mit einander verbunden waren. Der Gnadauer Centralverein führte in jedem Frühjahre und in jedem Herbste nicht unbedeutende Kräfte von gläubigen Predigern und Laien zusammen, um sich gegenseitig zu erwecken und im Geiste zu erfrischen. Das Consistorium war aus fähigen und edelgesinnten Männern zusam=

---

*) Durch die Verordnung über die neue Einrichtung der Consistorien vom 27. Juni, publicirt am 21. Juli.

mengesetzt und überließ sich gern dem milden Einfluß seines Präsidenten, unter dessen Leitung auch der General-Superintendent Möller eine festere kirchliche Stellung einzunehmen begann. Man konnte bald bemerken, wie von Göschel aus der Geist befestigten Glaubens und einigender Liebe das Consistorium beseelte, und es konnte nicht fehlen, daß die wolthuende Macht dieses Geistes in der ganzen Provinz sich fühlbar machen mußte.

Freilich wühlte gleichzeitig in derselben Provinz der trübe widerchristliche Geist der Lichtfreunde, die seit dem Juni 1841 in Köthen ihre Versammlungen hielten und Alles, was in seinem eigenen Sinne sich klug dünkte, in christlichem Sinne aber roh, schwach und verwildert war, an sich zogen bis in die untersten Schichten des Volks. Zu Pfingsten 1844 hatte sich daselbst Wislicenus, der in Halle vor leeren Bänken predigte, zu Uhlich gesellt und den unentschiedenen Uhlich nun erst zur vollen Verneinung der christlichen Wahrheit mit fortgerissen. Die Rotte wuchs um so mehr, weil der politisch-revolutionäre Sinn sich damals hinter der scheinbar blos kirchlichen Opposition verbarg und doch sichtbar genug war, um unter dem dünnen Schleier von den Geistesverwandten erkannt oder wenigstens gerochen zu werden. In Magdeburg selbst hatte schon im Jahre 1840 der Prediger Sintenis ein ärgerliches Vorspiel in frecher Läugnung der Gottheit Christi gemacht und es hatte in der alten ehrwürdigen Stadt nicht an Solchen gefehlt, die ihm applaudirten und ihn gegen die geistliche Behörde in Schutz nahmen: das Herz des milden Greises Dräseke hatte sich an diesen Händeln verblutet. Die wolgesinnten Männer aber, in deren Händen die obere Leitung der Kirche war, vertrauten der Macht des Guten und meinten, man dürfe nur den Geistern volle Freiheit geben, sich auszusprechen, so werde der gute Geist siegen, der böse sich selbst zu Grunde richten, und das enttäuschte christliche Volk werde sich zuletzt mit Abscheu und Verachtung von ihm abwenden. Dies ist eine große unwidersprechliche Wahrheit: aber ebenso gewiß ist, daß in Zeiten des Abfalls christliche Völker, wie Frankreich, darüber im Unglauben zu Grunde gehen können, ehe dieses Zuletzt erscheint. Wie groß unter uns die Macht des Abfalls sei, wie groß die Widerstandskraft des christlichen Sinnes im Volke, das konnte man nicht nach Graden abzählen: in den oberen Regionen gab man sich zu günstigen Voraussetzungen hin, und dies war auch das Bequemere und konnte es entschuldigen, wenn man sich unpopuläre Maßregeln ersparte. Göschel sah tiefer in das herrschende Verderben, durfte aber nach den guten Absichten der Staatsregierung, die man bei seiner Berufung kund gethan, wenigstens auf mäßige Unterstützung von Oben rechnen und umfaßte mit erbarmender Liebe auch die Abgefallenen. So ging er mit Gebet und Fürbitte an sein köstliches, aber schweres Werk. Den Sinn, in welchem er gegen drei Jahre trotz allen Schwierigkeiten sein Amt in großem Segen geführt hat, beurkundet die Rede, mit welcher er am 15. Juli, drei Tage nach seiner Ankunft, sich selbst im Consistorium der Provinz Sachsen einführte. Wir geben dieselbe wörtlich, wie sie sich in seinen nachgelassenen Papieren gefunden hat: denn sie ist nicht nur ein Stück aus seinem Leben, sondern zugleich ein geschichtliches Document für die damalige Zeit, die uns noch so nahe ist und doch schon so weit hinter uns liegt.

„Meine hochzuverehrende Herrn!"

„Es ist mir, wie Sie wissen, noch am Abende meines Lebens, noch vor dem Schlusse meiner dienstlichen Laufbahn, auch ein amtlicher Beruf für die theure evangelische Kirche geworden. Im Aufblick auf das Haupt der Kirche habe ich diesen Spät-Ruf nach dem Befehle S. M. des Königs entgegengenommen. Und so trete ich nun aus der Justizverwaltung, welcher ich so viele lange Jahre gedient habe, in die Kirchenverwaltung herüber, welche auf Erden auch nicht bestehen kann ohne Gesetz und Justiz, ohne äußere Zucht und Ordnung. Zugleich trete ich aus dem Centralsitze der höheren Staatsverwaltung, an welcher ich die letzten eilf Jahre meines Lebens gedient habe, in die Provinz zurück, in die Provinz, der ich so viel länger gedient habe, der ich nach meiner Geburt, nach dem längsten Theile meines Lebens angehöre; und ich bringe ein Herz voll Liebe mit zu dieser Provinz und zu allen ihren Angehörigen. So stehe ich nun in meiner neuen Stellung vor Ihnen, als vor meinen verehrten Amtsgenossen, welche mit mir berufen sind zu einerlei Beruf. Es ist ein hoher Beruf, es ist mir auch eine besondere Ehre, Einem Hochwürdigen Consistorium vorzustehen und seiner Thätigkeit mich anzuschließen: aber es ist auch, wer könnte es verkennen, ein dornenvoller, ein verantwortungsvoller Beruf. Und darum weiß ich keinen andern Rath und keine andere Hülfe, als bei dem Herrn! Darum hebe ich meine Augen auf zu den Bergen, von welchen die Hülfe kommt, zu den heiligen Bergen, auf welchen die Kirche, als die Stadt Gottes, fest gegründet ist, und flehe: Herr, laß mich nicht, und thue deine Hand nicht ab von mir!"

„Durch diesen Aufblick gestärkt, wende ich mich nun wieder zu Ihnen, mit einer Bitte, die mir auf dem Herzen liegt, mit einer Bitte, die viele Bitten in sich schließt, mit der Bitte — um Ihr Vertrauen. Zwar weiß ich wol, daß ich mir dieses Vertrauen durch die That erwerben muß: aber ich bitte doch schon jetzt darum, ich bitte um Ihr zuvorkommendes Vertrauen, welches die Bedingung des nachfolgenden ist. So komme ich Ihnen auch mit meinem aufrichtigen Vertrauen entgegen. Mein Anliegen an Sie drückt zugleich meine Ueberzeugung aus von der Nothwendigkeit des gegenseitigen Vertrauens zu gemeinsamer Amtswirksamkeit und deren Gedeihen. Möchten wir denn doch auch, namentlich zu dem erweiterten Wirkungskreise, welcher dem Consistorium bevorsteht, Vertrauen gewinnen in der Provinz bei Allen, die unserer Fürsorge befohlen sind! Der erste Schritt dazu wird meinerseits kein anderer sein, als daß ich ihnen mit aufrichtiger Offenheit und Liebe entgegenkomme. Und diese Liebe wird auch denjenigen Gliedern der evangelischen Kirche zu Theil werden müssen, welche an der alten Mutter irre geworden, oder gleichgültig, oder untreu sich gegen die Kirche verhalten. Sie bedürfen ja der besondern Pflege, Fürsorge, besonderer Liebe und Aufmerksamkeit."

„Eben in dieser Beziehung ist unser Beruf in der gegenwärtigen viel bewegten und viel verworrenen Zeit besonders schwierig. Diese Schwierigkeit der Consistorial-Wirksamkeit hat auch Ein Hochwürdiges Consistorium in mehreren Berichten an das Ministerium der geistlichen Angelegenheiten ausführlich geschildert. Die Schwierigkeit beruht zum Theil in den wunderlichsten Vorurtheilen und Misverständnissen über Kirche und Kirchenlehre, Kirchenordnung und Kirchenverfassung: dagegen hilft nichts als Verständigung und Aufklärung, welche weniger durch schriftliche Verfügung als durch persönliche Berührung in allen Lebensverhältnissen, die dazu Veranlassung bieten, zu vermitteln ist. Die Schwierigkeit beruht ferner in den betrübenden Verdächtigungen, welche jeden Schritt der Regierung zu begleiten pflegen, in grundlosen Befürchtungen vor einer retrograden Bewegung, oder vor einer bevorstehenden Beeinträchtigung der Glaubensfreiheit: sollte dagegen nicht endlich die That zeugen und die ehrliche Offenheit und Geradheit in unserm Verfahren? Die Schwierigkeit besteht ferner in dem theilweise verbreiteten Mismuthe und Miswollen, woraus hier und da ein Geist der Opposition hervorgegangen ist. Nun, es gilt den Versuch, das Miswollen durch ernstes Wolwollen zu überwinden. Im Allgemeinen besteht aber die Schwierigkeit aller Consistorial-Wirksamkeit in den Schwankungen der gegenwärtigen Zeit auf dem Gebiete der Kirche, in der Verwirrung sich durchkreuzender menschlicher Ansichten über die Glaubenswahrheiten: diese Schwierigkeit ist um so größer, als wir ja selbst Alle Kinder dieser Zeit sind und von jenen Schwankungen und Erschütterungen nicht unberührt bleiben können. Was ist da anderes zu thun, als daß wir in diesen Schwankungen desto fester stehen lernen in der Kirche, welche nicht wankt und weicht, und doch immer lebendig ist, aber von menschlichen Verstandes-Ansichten unabhängig sich erhält, daß wir desto tiefer und gründlicher den Grund der Kirche suchen und halten, welcher nicht anders gelegt werden kann, als er gelegt ist, daß wir uns desto rüstiger strecken und erheben zu dem Haupte der Kirche, welches gestern, heute und in Ewigkeit dasselbe ist. Wie ihr Grund und ihr Haupt, so ist auch die Kirche selbst eine feste Burg. Durch solche Festigkeit erlangt man den Ernst, welcher weiß, was er will, durch solchen Ernst die Liebe, welche will, was sie weiß."

„Auf diese Principien möchte ich mich sogleich beim Antritte meines Amtes mit Ihnen verbinden: hierzu verpflichte ich mich jetzt vor Gott und vor Ihnen, namentlich zu dem Ernste, welcher weiß, was er will, und zu der Liebe, welche auch will, was sie weiß und als wahr erkannt hat, — zu der Gerechtigkeit, die in der Landeskirche jedem Theile das Seine gewährt, und zu der Gemeinschaft, die alle Theile auf Einem Grunde zusammenhält."

„Mit dieser Verpflichtung schließe ich mein erstes Begrüßungswort, welches ich mit Gott zu bethätigen hoffe."

Die Gerechtigkeit, die in der Landeskirche jedem Theile das Seine gewährt, kann man auf die Gerechtigkeit gegen die lutherische Confession, die Gemeinschaft, die alle Theile auf Einem Grunde zusammenhält, auf die Pflege der rechten Union deuten, und es ist unzweifelhaft, daß Göschel dies hier zunächst im Auge gehabt hat, aber gewiß nicht allein, sondern allgemeine Principien der Gerechtigkeit und Liebe waren das Element, in welchem er lebte, und sein Bestreben ging dahin, die wechselnden Flutungen der Parteien und Leidenschaften, der Meinungen und Regierungs-Maßregeln diesen Principien gemäß

ebenso wie alles Andere auf das richtige christliche Maß zurück=
zuführen. In diesem Sinne hat er als Consistorial=Präsident
schützend und abwehrend, schonend und pflegend, belebend und
erweckend gewirkt, so lang es Tag war, und das amtlich und
in einem weiten Wirkungskreise geleistet, was er früher in
Naumburg bei dem Missionsverein und im Privatverkehr geübt
hatte. Auf Göschels Betrieb wurde die kirchliche Monats=
schrift, redigirt vom Pastor Rhenius in Hörsingen bei Erx=
leben, gegründet und verbreitet, und schon unter dem 25. Sep=
tember 1845 erschien ein Circular des Consistoriums, das an
sämmtliche Superintendenten der Provinz gerichtet war, um
durch klare Belehrung Misverständnisse zu zerstreuen und die
Geistlichen vor der Theilnahme an politischen Protesten und
andern Ausschreitungen, zu welchen der Zeitgeist versuchte, ernst
und väterlich zu warnen. Ein neuer Lebenshauch ging von
dem Consistorium aus durch die Provinz und die geistlich ge=
sinnten Prediger vernahmen bald die Stimme des guten Hir=
ten, die sie sammelte. Allerdings erhob sich auch immer lauter
das Toben der Lichtfreunde und ihres Anhangs, und dem Sa=
tan war kein Mittel der Lüge und Verläumdung zu schlecht,
daß er es nicht gebraucht hätte. Dabei war die Unterstützung
von Oben her schwach und unsicher. Doch stand das Con=
sistorium mit der Kraft eines guten Gewissens ruhig und fest
auf seinem Wächterposten, und als Uhlich von seinem Dorfe
Pömmelte nach Magdeburg zu einem dortigen Pastorate berufen
worden war und es noch zu den letzten Acten der Königlichen
Regierung zu Magdeburg in ihrer bisherigen Kirchenverwaltung
gehört hatte, die Bestätigung der vom Patronat angemeldeten
Wahl zu gewähren, mußte zwar das Consistorium die Einfüh=
rung geschehen lassen, that dies aber nicht ohne vorgängige
ernstliche Verwarnung des Uhlich und nochmalige Einschärfung
seiner Amtspflichten. Ebensowenig versäumte das Consistorium
seine Pflicht gegen die Pastoren G. Wislicenus und Th.
Balzer, welche die gegen sie ergangenen Verhandlungen und

Entscheidungen selbst veröffentlicht haben. Jede Milde aber wurde von den Gegnern als Schwäche, jede ernste Maßregel, die zuletzt eintreten mußte, als unerhörte Härte gedeutet, und die bethörten Massen, Männer und Frauen, fielen ihnen zu. Jetzt wurde Magdeburg der Heerd der kirchenfeindlichen Bewegung, und in Magdeburg der Präsident des Consistoriums der Gegenstand des Hauptangriffs. Am 18. Februar 1847 ereignete sich die Wunderlichkeit, daß ein zahlreicher Besuch von Frauen, die um die Freiheit der Geister besorgt waren, bei dem Präsidenten sich einfand, um gegen die „widersinnigen Zusätze der Kirchenlehre" zu protestiren, mit Berufung auf die Majoritäten. An hundert Frauen aus den gebildeten Ständen waren so voll von Uhlichscher Weisheit, daß sie meinten ein gutes Werk zu thun, wenn sie für diesen ihren armseligen Propheten eine imposante Fürbitte einlegten, und daß sie das apostolische Glaubensbekenntniß, dessen Inhalt die Welt erneuert hat, für eine todte Formel, die tiefsinnigsten biblischen Wahrheiten für widersinnige Zusätze der Kirchenlehre ansahen. Göschel erklärte diesen armen Kindern, daß sie sich beruhigen könnten; um bloßer Formeln willen würde sicherlich ihrem Verehrten kein Haar gekrümmt werden. Ein Freund des Präsidenten bemerkte nachmals, es wäre noch besser gewesen, wenn derselbe sein Empfangzimmer eilig hätte heizen lassen und den Damen einen Vortrag über den beseligenden Inhalt des apostolischen Symbolums gehalten. Diesem Besuche folgte später am 28. Juni eine feierliche Deputation von Männern im Interesse des Predigers Uhlich, wiewol damals gegen diesen nur Vorverhandlungen schwebten. Noch wichtiger war die Deputation der Magdeburger Bürgerschaft mit der Petition um Abschaffung des apostolischen Glaubensbekenntnisses, welche S. M. der König am 23. October 1847 in Magdeburg persönlich empfing und mündlich beschied. „Unter solchen Verhältnissen" — sagt Göschel in einem Aufsatz über seinen später erfolgten Amts-Abschied, aus welchem auch die hier vorhergehenden Mittheilungen entlehnt sind, — „wurde die Bewegung innerhalb der Provinz immer wirrer durch Misverständniß und Miswollen. Der widerkirchlichen Manifestationen einzelner Geistlichen wurden immer mehr: es darf mit Gewißheit versichert werden, daß sie dem Consistorium und mir viel mehr Schmerz, Sorge und Mühe gemacht haben, als wir ihnen mit unsern Vorstellungen, Warnungen und Untersuchungen." Um diese Zeit erschienen zum Zwecke einer allgemeinen Verständigung von Seiten des Consistoriums „Amtliche Verhandlungen, betreffend den Prediger Uhlich zu Magdeburg. Amtlicher Abdruck. Magdeburg, 1847." Sie enthalten in einem Beispiele ein Bild der innestehenden Zeit und der kirchenregimentlichen Stellung dazu.

Das Jahr 1847 war das Jahr der Schwachheiten und Fehlgriffe von Oben, recht als hätte man absichtlich selbst den Fall von 1848 vorbereiten wollen. Im Laufe jenes Jahres erfolgte gegen Göschels ausdrückliche und amtliche Vorstellung ohne alle Rücksprache mit ihm, statt factischer Duldung und möglichster Nachsicht, wozu er wiederholt gerathen hatte, förmliche ausdrückliche Anerkennung und Bestätigung der Magdeburger freien Gemeinde, so wenig sie auch dazu reif und geordnet war. Man hoffte sie damit zu befriedigen und zu beruhigen: der Erfolg war der entgegengesetzte, wie Göschel vorausgesagt hatte. „Jetzt mußte ich" — schreibt er — „nun wiederum vorstellen, daß durch diese erste Concession eine zweite werde angebahnt werden, und daß das nächste Zugeständniß dieses sein würde, daß die Kirchengebäude den Gegnern der Kirche würden geöffnet werden, wozu doch weder Kirchenregiment, noch Gemeinde nach der stiftungsmäßigen Bestimmung das Recht hatte. Darauf erhielt ich am 15. Februar 1848 die schriftliche Versicherung, daß an eine solche Nachgibigkeit nicht gedacht werde; und am 12. März darauf, am Sonntage Invocavit (Ps. 91, 15) zog bereits die Magdeburger freie Gemeinde mit ihrem Prediger in die Heiligen-Geist-Kirche ein, auf Grund einer nicht an mich, sondern an den Oberbürgermeister der Stadt Magdeburg mit gänzlicher Umgehung der Kirchenbehörde erlassenen, von der Stadtbehörde durch die Zeitung publicirten ministeriellen Erlaubniß. Die städtische Zeitung brachte mir die erste Nachricht von dieser anderweiten Verfügung des Staatsregiments über die Kirche."

„Bis zu diesem Momente hatte ich immerfort Nein gesagt auf die immer wiederkehrende versucherische Gewissensfrage, ob ich meine Verabschiedung nachsuchen dürfte. Es war eben nicht der Kampf nach Unten mit den wilden Bewegungen in der Masse, der mich ermüdete, sondern es war der Widerstand, den ich in der Staats- und Kirchen-Regierung selbst fand, über mir und zur Seite. Oben fürchteten Etliche, daß die Vertheidigung der Kirchenrechte dem Staate durch politische Verstimmung der Unterthanen gefährlich werden könnte, gleich als wenn der Staat auch ohne Kirche bestehen könnte.*) Zur Seite regte sich von meinem ersten Amtsantritte an die Eifersucht gegen die beginnende Selbständigkeit der

---

*) In Abstracto ist es allerdings wahr, daß der Staat ohne Kirche, ohne eine bestimmte Staatskirche bestehen kann, aber nicht ohne Religion, wiewol das normale, völlig gesunde Verhältniß nur da ist, wo die Kirche, die christliche Kirche, und zwar in Einer Confession, die Herzen der Unterthanen oder Staatsbürger und den Geist der Regierung im Glauben an den einigen Hirten und König aller Könige innig zusammenschließt. In Concreto aber, in Anwendung auf den preußischen Staat, wie es Göschel meint, ist es ganz richtig, daß dieser in seinen Grundlagen evangelische Staat nicht ohne die evangelische Kirche bestehen kann, auf welche er gegründet ist, und daß die Lossagung von der evangelischen Kirche und die absichtliche Bekämpfung ihrer Institutionen, Stiftungen und Rechte die Fundamente des preußischen Staates angreift, um so mehr, da der Haß, der sich gegen die Kirche richtet, nicht nur einer bestimmten zeitlichen Form der christlichen Gemeinschaft gilt, sondern dem Christentum und Christo selbst, dem Worte Gottes, wie dies in den freien Gemeinden zu Tage liegt. Gegen diesen Haß, der das Christentum und jeden christlichen Staat bedroht, sollten

Kirchenverwaltung, gegen die Parität der Kirchenbehörde mit den Staatsbehörden. Nach menschlichen Maßen war der Kampf ungleich, in den ich gestellt war. Dennoch hatte ich bis jetzt ausgehalten. — Aber jetzt, wo die Staatsregierung in Gemeinschaft mit den Gegnern der Kirche gegen die Kirche einschritt, jetzt glaubte ich mein Amt als von der obersten Behörde factisch aufgehoben und gebrochen ansehen zu müssen. Tages darauf, am 13. März, bat ich unter Vorstellung aller zusammentreffenden Motive wenigstens für jetzt um meine Abberufung zur weiteren Disposition, weil ich sonst gegen die neuesten Regierungs-Maßregeln über die Kirche öffentliche Erklärung abgeben müßte, die der äußern Dienstordnung zuwider sein möchte." —

„Hatte ich schon in den vorigen Jahren nach allen Seiten einen schweren und ermüdenden Kampf zu bestehen, so war meine Stellung mit dem Jahre 1848 doppelt und dreifach erschwert, gehemmt, gelähmt. Namentlich hatte der 24. Februar 1848 von Paris aus seinen destructiven Einfluß durch ganz Deutschland von Ort zu Ort verbreitet. Ueberall wilde Aufregung in den Massen, Schwäche und Schwankung in den Höhen, und in den mittleren Schichten meinte man nun gar, die Aufklärung käme jetzt leibhaftig angezogen. Auch Magdeburg wollte nicht zurückbleiben, weder kirchlich noch politisch. Mein Amt, meine fortdauernde Anwesenheit, mein Haus war ein Gegenstand besonderer Erbitterung: am 15. März kam es

---

die verschiedenen Formen der christlichen Gemeinschaft, die verschiedenen Confessionen und christlichen Tendenzen, fest zusammen halten. Weil aber jede Confession, ja jede besondere christliche Tendenz, der andern einen ihr particiell zugefügten Nachtheil gönnt, so helfen leider die Gläubigen dem feindseligen Unglauben, den sie bekämpfen wollen, in jedem einzelnen Angriffe auf eine andere Partei von Gläubigen, oder sehen wenigstens der Zerstörung ruhig und beifällig zu. Zu welchem Unheil dies führen muß, das liegt vor Augen. Aber wir haben Augen und sehen nicht.

zu einem massenhaften Angriff gegen das Regierungsgebäude, in welchem ich wohnte. Nach allzu langer Nachsicht that das Militär auf das erste Commando seine Schuldigkeit und flugs war in wenigen Minuten der große Domplatz von den gedrängten Pöbelhaufen bis auf den letzten Menschen gesäubert. Natürlich waren viele Verwundungen vorgefallen, welche auch einige Todesfälle zur Folge hatten, worüber neue Erbitterung, neue Aufregung entstand." —

„So kam der 18. März 1848 und der Sonntag darauf, der Sonntag Reminiscere (Ps. 25, 6), und welche Schuld, welche Schmach kam über uns mit diesen beiden Tagen und ihrem Gefolge von Berlin aus! Beide Tage sind auch für mich so merkwürdig geworden, daß ich ausführlicher als sonst werden muß, daß ich das Haus vom Amte nicht zu trennen vermag. Am Sonnabend Abend (18. März) ließen wir uns in Magdeburg von dem Aufruhr in Berlin noch nichts träumen: in meinem Hause waren werthe Freunde gesellig versammelt, welche über die leibliche Noth und das sittliche Elend im Volk nicht allein klagten, sondern auch über die zweckmäßigsten Mittel der Hülfe sich zu verständigen suchten. Zum Schlusse sangen wir das Lied, welches ein Jurist (Hof- und Justizrath Freystein in Dresden) vor hundert und mehreren Jahren in Quedlinburg bei einer absonderlichen Gelegenheit verfaßt hat, das Lied:

    Mache dich mein Geist bereit:
    Wache, fleh und bete,
    Daß dich nicht die böse Zeit
    Unverhofft betrete.

Wir sangen es bis zum letzten Verse aus:

    Drum so laßt uns immerdar
    Wachen, flehn und beten:
    Weil die Angst, Noth und Gefahr
    Immer näher treten.

So sangen wir und ahneten doch nichts von dem fürchterlichen Pöbel-Auflaufe, der inmittelst in Berlin ausgebrochen war und in eben diesen Stunden so tobte und wüthete, als gälte es, die vierhundertjährige Jubelfeier des Berliner Bürgeraufruhrs im März 1448 durch Excesse zu bezeichnen, welche allerdings einen vierhundertjährigen Fortschritt in der Sünde bekunden konnten."

"Auch am Sonntag=Morgen darauf war zu mir in erster Frühe noch keine Kunde aus Berlin gekommen. Die ersten Frühstunden hatte ich, um einmal zu feiern, in sehr seltener Muße einem historischen, auf die innestehende Jahreszahl bezüglichen Studium gewidmet: ich war eben mit dem ersten Jahre 48 christlicher Zeitrechnung beschäftigt: ich stand gerade still vor der ersten christlichen Missionsreise, die ungefähr in diese Zeit fällt: ich las die Erzählung von der Ausweisung der christlichen Zeugen aus Antiochien in Pisidien und aus Lystra (Apgsch. 13, 15. 51.—14, 6. 19. 20.). Diese Ausweisung führte mich unwillkürlich auf das Gebot des Herrn für solche Fälle (Mt. 10, 23). Dann suchte ich auch die Stelle (Mt. 8, 35. Marc. 5, 17. Luc. 8, 37), wo der Herr selbst auf die Bitte der Gergesener aus ihren Gränzen weicht. Ich erzähle wörtlich, wie es geschehen ist, und es geschah in rein objectiver Betrachtung, ohne alle Beziehung auf die Zeit. Mitten in dieser stillen Morgenbeschäftigung, in welcher ich einige Erholung suchen wollte, mitten in diesen auf Sonntags Morgenstunden beschränkten seltenen Studien, womit ich meine „Säcular=Erinnerungen des Jahres 1848 im Rückblicke auf alle vergangenen Jahrhunderte christlicher Zeitrechnung" einzuleiten gedachte, ohne noch zu ahnen, was uns das innestehende Jahr selbst bringen würde, — ich hatte eben Luc. 8, 37 gelesen, — da erhielt ich einen schleunigen Brief des Ober=Präsidenten v. B., also von Seiten der obersten Polizeibehörde in der Provinz. Diesen Brief muß ich wörtlich einschalten; er lautete also:

„Ew. Hochw. muß ich die Bitte vorlegen, noch im „Laufe des heutigen Vormittags eine Reise anzu=
„treten, da, wenn dies nicht geschieht, bei der Aufregung

"in Folge der gestrigen Ereignisse in Berlin eine Demon=
"stration Seitens der zuverlässigen Bürgerschaft nicht zu
"vermeiden sein wird, deren Folgen ich weder zu übersehen
"noch zu vertreten im Stande bin. Ich werde wahrschein=
"lich zwischen 9—10 Uhr zu Hause sein, und Ew. Hochw.
"Besuch durch meinen Garten, der geöffnet sein
"wird, sehr gern erwarten.
"Hochachtungsvoll und ergebenst
"Magdeburg, 19. 3. 48. v. B."
"Gleichzeitig kam nun auch Kunde von Berlin mit furchtbaren Uebertreibungen. Dennoch war mein erster Entschluß, der deutlich genug signalisirten Proscription, wiewol sie von oberster Polizeibehörde besiegelt war, in den Gränzen des Ge= setzes Widerstand zu leisten: bis jetzt war ohnehin die Aus= weisung nur in Form einer Bitte ausgesprochen. Eine darauf folgende mündliche Rücksprache mit dem Ober-Präsidenten konnte mich in dieser ersten Entschließung nicht wankend ma= chen. Doch darf ich nicht verschweigen, daß Herr v. B. zur Begründung seines Verlangens die Aufregung in der Stadt und die bestimmte Richtung der Erbitterung gegen mich zwar nicht stark genug hervorzuheben wußte, — er kam eben vom Rathhause, wo man ihn deshalb nicht wenig gedrängt und bestürmt hatte, — daß er mir aber gleichzeitig die Fortdauer des militärischen Schutzes in meiner Wohnung zusicherte, welche um so mehr darauf rechnen konnte, als sie in dem Haupt= Regierungsgebäude sich befand. Dagegen erklärte er, daß, so lange ich in Magdeburg bliebe, er den so wünschenswerthen Beistand aus der bewaffneten Bürgerschaft nicht gewähren könne, während für den Fall meiner Entfernung von der Bürgerschaft allerdings die Ruhe und Ordnung in der Stadt bereits zugesagt wäre und gewiß auch gehandhabt werden würde; daher er mir anheimgeben müßte, ob ich es zu verantworten mir getraue, wenn um meiner Person willen ein großes Unglück über die Stadt verhängt würde. Es wurde von ihm

bemerkt, daß ein anderer mißliebiger Beamter auf sein Ersuchen sich bereits entfernt habe, und die übrigen Anstöße wegen einzelner Persönlichkeiten leichter beseitigt werden könnten, wenn nur erst der in meiner amtlichen Stellung liegende Hauptgegenstand des Argwohns entfernt wäre. Es handelte sich hierbei überall nicht um meine persönliche Sicherheit, die ohnehin nicht gefährdet war, sondern um das Beste der Stadt, wofür der Ober-Präsident auch durch das Mittel meiner Entfernung sorgen zu müssen glaubte."

„Als ich, ohne darauf einzugehen, über die Straße ungehindert nach Hause gekommen war, erwartete mich schon der Rath vieler treuer Freunde, welche sämmtlich, mit Ausnahme einer einzigen werthen Stimme, darüber einverstanden waren, daß ich unter den gegenwärtigen Verhältnissen und vorausgegangenen Erklärungen aus Ort und Amt scheiden könne und müsse, ohne etwas zu versäumen. Es wurde behauptet, daß mein Amt bereits von der Behörde selbst gründlich gebrochen und factisch aufgehoben sei, daß mithin meine Anwesenheit in Magdeburg um so weniger durch das Amt geboten werde; es wurde nicht minder hervorgehoben, daß es Christenpflicht sei, in solcher Aufregung, wo jede Verständigung unmöglich sei, der bethörten Menge für den Augenblick jeden Gegenstand des Aergernisses aus dem Wege zu räumen und die Versuchung zu Versündigungen nicht zu schärfen; es wurde mir als eine Liebespflicht gegen die Stadt Magdeburg vorgestellt, womit ich ihr meine christliche Gesinnung zu bewähren habe."

„Unter solchen Vorstellungen kam ich zu dem Entschlusse, mit gebrochenem Amte und gebrochenem Herzen die Stadt zu verlassen, in die ich vor drei Jahren mit so großer Liebe, mit so guten Hoffnungen und Vorsätzen eingezogen war."

Schon am 1. April erhielt Göschel von dem neuen Cultus-Minister nicht nur die **provisorische Entlassung**, auf welche er schon vor der Berliner Umwälzung angetragen und die er nach seiner Entfernung von Magdeburg nochmals dringender nachgesucht hatte, sondern die definitive Verabschiedung, wofür jedoch die Allerhöchste Bestätigung erst am 10. Juni ausgefertigt wurde und am 17. Juni in seine Hände gelangte. Als er Magdeburg verließ, war der theure Mann an den Orten, wo er auszuruhen gedachte, den Behörden, denen der Schutz der Guten obliegt, ein unwillkommener Gast, dessen sie sich bald zu entledigen suchten, bis er endlich bei der Brüdergemeinde in Gnadau eine liebreiche Aufnahme und einen sichern Zufluchtsort fand. Nachdem am 1. April seine Entlassung auch durch die öffentlichen Blätter bekannt gemacht war, wurde seine Rückkehr nach Magdeburg nicht weiter beanstandet. Durch einen Erlaß vom 3. April nahm er von den Geistlichen und Gemeinden in der Provinz und am 13. April auch von dem Collegium Abschied, von dem letzteren unter Vorlesung des 27. Psalmen, unter dessen stillem Geleite er am 15. Juli 1845 zum ersten Male in das versammelte Consistorium eingetreten war. Gar viele treue Christenherzen, besonders viele Geistliche, die wußten, was sie an ihm gehabt hatten, blieben ihm in Liebe, in Ehrfurcht und Dankbarkeit ergeben und namentlich der Gnadauer Verein hat es auch nach seinem Abschied aus dieser Zeitlichkeit nicht vergessen, wie viel ihm unter Gottes Segen die Provinz Sachsen zu verdanken hat.

Auf einem Grabmal in der Kirche dell' anima in Rom — es ist das Grabmal des Papstes Hadrian VI. († 24. September 1523), der vergeblich versuchte, die verdorbene päpstliche Curie zu reformiren — lesen wir die Inschrift: O quantum refert, in quae tempora vel optimi cujusque virtus incidat! Dies soll sagen, daß es Zeiten gibt, wo auch die Besten unterliegen. Wir dürfen uns darüber nicht verwundern. Chrysostomus stirbt in der Verbannung, Johann Huß wird verbrannt, Luther als der Sohn des Verderbens aus der römischen Kirche ausgestoßen; die Apostel, die Propheten sind gehaßt, sind getödtet worden. Der Herr selbst hat am Kreuze nicht nur für die Sünde, sondern auch durch den Haß der Welt sein Blut vergossen. Aber „selig sind, die um Gerechtigkeit willen verfolgt werden: denn das Himmelreich ist ihr." (Mt. 5, 10—12.)

Mit Thränen in den Augen und mit Fürbitte im Herzen schied Göschel von Magdeburg.

7. Göschels letzte Lebensjahre.
(Vom 10. Juni 1848 — 22. September 1861.)

Die frommen heilgen Seelen, die gingen fort und fort
Und änderten mit Qualen den erstbewohnten Ort.
Sie zogen hin und wieder, ihr Kreuz war immer groß,
Bis daß der Tod sie nieder legt in des Grabes Schoß.

In seinem 64sten Jahre stand Göschel, als er im Frühjahre 1848 sein letztes öffentliches Amt niederlegte, nach menschlichem Urtheil viel zu früh für den Staat, für die Kirche und auch für ihn selbst: denn er war durch Gottes Gnade noch in vollem Besitz seiner Kraft und hat dies nicht nur durch verborgnes Wirken und Wolthun, Lehren und Warnen, Segnen und Fürbitten, sondern auch durch eine fortgehende öffentliche Wirksamkeit in Wort und Schrift und That bewiesen. Die getreue evangelische Geistlichkeit der Provinz Sachsen, die in dem Gnadauer Verein ihren Mittelpunkt besitzt, und die lutherische Confession, deren Rechte er männlich vertreten hatte, konnten nie den trefflichen Consistorial-Präsidenten vergessen und er vergaß auch ihrer nicht. Eine ganze Reihe von Jahren hindurch stand er an der Spitze der lutherischen Vereine innerhalb der Landeskirche und wahrte ebenso den Gehorsam gegen den König und die Obrigkeit, wie die unveräußerlichen Lebensbedingungen seiner Bekenntnißgenossen, der Lutheraner, so viel er vermochte. Seine Arbeiten in diesem Felde und die Wechsel von Gelingen und Mislingen sind ein Bestandtheil der preußischen Landes- und Kirchengeschichte geworden. Zwei Punkte nur müssen wir hervorheben, die es erklären, wie Göschel nach seinen philosophischen Studien, die er auch jetzt noch fortsetzte, und bei seiner Weitherzigkeit ein eifriger Vertheidiger der Concordienformel und der lutherischen Consistorial-Verfassung wurde. Dies ging so zu. Seit fast einem Jahrhundert hatte man sich gewöhnt, von der Begründung der lutherischen Lehre und Kirchen-Verfassung nur äußerlich Kentnis zu nehmen. Die herrschenden rationalisirenden Dogmatiker waren in ein gründliches Studium derselben nicht eingegangen, sondern hatten bei ihrem oberflächlichen Ueberfliegen dieses Gebiets nur das Auffallende und Gehässige aufzufangen gesucht, wie etwa das Scholastische mancher Terminologieen und die berüchtigte Streitsucht der Theologen. Auch den Supranaturalisten war der Zusammenhang und das innerste Leben der lutherischen Lehre fremd geblieben. Man sah sich nach der reformirten Lehre, als welche eine freiere Geistesrichtung zu begünstigen schien, um und erwartete in Preußen von den Einrichtungen des Calvinismus, von Presbyterien und Synoden, seit 1808 eine neue Belebung. Der große Beweger der neueren Theologie, Schleiermacher, war ein reformirter Theolog und in reformirten Anschauungen aufgewachsen. Göschel war früher, ehe er zu eigenen Studien in diesem Gebiete veranlaßt war, im Allgemeinen mit dem Strome geschwommen, in welchen er von Jugend auf hineingerissen war. So wie er aber mit Ernst in die Theologie und Geschichte der Epigonen der deutschen Reformation einging, fand er mit seinem Herzen voll Liebe und mit seinem durchdringenden Geiste ein festes Glaubensprincip, eine lebendige Frömmigkeit und einen theologischen Scharf- und Tiefsinn, der ihm die höchste Achtung einflößte, weil er nicht von Außen, sondern von Innen, von dem belebenden Geiste aus die kirchlichen Bewegungen der Väter ansah und durchschaute. Aus dieser Auffassung ist seine schätzenswerte Schrift über die Concordienformel*) hervorgegangen, in welcher er unter Anderm (S. 126) sagt: „Es ist überhaupt wol zu beachten, daß auch die entfernten Aeußerlichkeiten eines Organismus ihre Gestaltung aus dem Innersten erhalten haben. Je gesunder der Leib ist, je lebendiger das Blut aus dem Herzen und wieder zurückströmt, desto bestimmter ist auch der Zusammenhang aller Glieder und Artikel am Ganzen. Darauf sind auch die Kirchengebräuche und äußeren Ceremonien anzusehn, auf daß wir nicht allzuschnell zufahren, „Wesentliches vom Unwesentlichen zu unterscheiden."" An die strengconfessionellen Arbeiten schlossen sich vielseitige Studien über das Leben christlicher Personen an, und diese Studien verbanden sich wieder mit gründlichen Nachforschungen über den Ursprung und die Geschichte der lutherischen Kirchenlieder. Leben, Lied und Lehre in ihren Wechselbeziehungen zu einander zu betrachten und dieses innigen Bandes, das alles Christliche umschlingt, sich zu freuen, dies entsprach so ganz der Innigkeit und Sinnigkeit, in welcher Göschels christliches Herz heimisch war. Der zehnte Abschnitt seines Werks über die Concordienformel (S. 178—190) handelt von der „Concordienformel im Gesangbuch." Sollten einmal Göschels vermischte Schriften und zerstreute Aufsätze nebst den Vorarbeiten, die noch handschriftlich aufbewahrt werden, chronologisch und sachlich zusammen geordnet erscheinen, was sehr zu wünschen wäre, so würde man über den Umfang, zugleich aber auch über den inneren Zusammenhang seiner mannigfaltigen Leistungen erstaunen, insbesondere aber auch auf dem Gebiete der Lebensbeschreibung. Er gibt vielleicht selten das volle Bild der ganzen Person und ihres Charakters, aber er sucht und findet überall das fromme Herz. Als Beispiel sei

---

*) Die Concordienformel nach ihrer Geschichte, Lehre und kirchlichen Bedeutung. Altes und Neues aus dem Schatze der Kirche. Von K. Fr. Göschel. Leipzig 1858. Dörffling und Franke.

nur erwähnt sein Aufsatz über den Magdeburger Consistorial=
rath Johann Joseph Winkler*), einen ächten Pietisten,
der aber durch seine unvorsichtige Neigung zum Uniren sehr
bittere Erfahrungen machen mußte. Wie umsichtig ist Göschels
Urteil über den Mann! wie glimpflich die ganze Behandlung
des Gegenstandes!

Die gründlichsten Studien hat Göschel in der Muße
seiner letzten 13 Lebensjahre über Dante getrieben, den er schon
in früheren Jahren gelesen und auch Andern zugänglich gemacht
hatte. Bereits in Naumburg hatte er eine Gesellschaft von
Freunden um die göttliche Komödie versammelt und die
bleibende Frucht seiner Einleitungen in die verschiedenen Ge=
sänge war eine kleine Schrift, die im Jahre 1834 erschien**),
und die er bei der Uebersiedelung nach Berlin seinen Freunden
an der Saale als Andenken zurückließ. Damals erhielt er
auch auf sein Ansuchen von einem Prinzen, der jetzt als König
durch seine weise Regierung ein ganzes Land beglückt, die zu
jener Zeit nur als Manuscript gedruckte Uebersetzung des Dante,
die unter dem angenommenen Namen „Philalethes" den wah=
ren Urheber verbarg. Später nahm der König Friedrich Wil=
helm IV. den lebhaftesten Antheil an Göschels Mittheilungen
über das Werk des großen Dichters. Die Dante=Studien
gehören recht wesentlich in eine Schilderung von Göschels
Leben; denn der Zug des Herzens zu diesem Florentiner des
14. Jahrhunderts beruhte auf einer ganz eigentümlichen Sym=
pathie. War doch Göschel nach seinem Abschied von Magde=
burg, wie Dante nach seiner Verbannung aus Florenz, seinem
Gefühle nach wie heimathlos geworden: hatte er doch, wenig=
stens in den Tagen der Flucht, auf einige Monate keine Stadt,

---

*) Johann Joseph Winkler, Volksblatt für Stadt und Land.
1854. Nr. 14. 15.

**) Aus Dante Alighieri's göttlicher Komödie. Von
den göttlichen Dingen in menschlicher Sprache zu einem fröhlichen Aus=
gange. Naumburg, 1834.

kein Haus, wo er sein Haupt hätte zur Ruhe legen können. Er wußte, wie es einem Manne zu Muthe ist, der in der Fremde lebt und nur in Hölle, Läuterungsstätte und Himmel als geistlicher Pilger einherzieht. Zugleich war aber auch in dem innersten Geistesleben eine Verwandtschaft zwischen dem Dichter und diesem seinem Ausleger. Die letzten Dinge, Tod, Auferstehung und Gericht, und die Zustände der Entschlafenen waren Gegenstände, mit deren geheimnißvollen Tiefen im Anschluß an Gottes Offenbarung sich Göschels Gemüth beständig forschend beschäftigte und in welche von Jugend auf, besonders aber von seinem sechzigsten Jahre an, er am Liebsten sich versenkte. Schon seine siebenfältige Osterfrage*) über die Worte: „Wer wälzt uns den Stein von des Grabes Thür?" kündigt diese Richtung seines Gemüths an: aber in dem „vierten Theile seines Lebens" trat sie ganz in den Vordergrund, wie vieles Andere ihn auch daneben bewegen mochte. Er deutet dies in dem Motto an, welches er im J. 1852 seiner höchst lesenswerten Schrift über das Alter**) vorgesetzt hat:

> Poi nella quarta parte della vita
> L'anima a Dio si rimarita,
> Contemplando la fine, che l'aspetta,
> E benice li tempi passati.

Von dem Verfasser verdeutscht:

> Im vierten Theil des Lebens kehret gern
> Die Seele heim zum Bunde mit dem Herrn,
> In Aussicht auf das End', das ihrer harret,
> Und segnet dankend die vergangnen Zeiten.

---

*) Die siebenfältige Osterfrage. Zum Ostermorgen 1836. Berlin, Duncker und Humblot.

**) Ueber das Alter. Ein Schwanen- und Jubel-Lied. Von C. F. Göschel. Berlin. Im Selbstverlage des Verfassers. 1852.

Schon zwei Jahre früher war seine Schrift: „**Zur Lehre von den letzten Dingen**"*), erschienen und in fast allen seinen späteren Werken, so wie in Briefen und Gesprächen läßt er sich auf diese Dinge immer von Neuem ein. Aber nicht allein diese Vorliebe führte ihn zu Dante, sondern vorzüglich der Ernst, mit welchem dieser Dichter das Jenseits zur Schärfung des Gewissens für das Diesseits benutzt. Dazu komt aber noch ein Drittes. Göschel bedurfte, wie Dante, der lebendigen verleiblichten Anschauung der geistlichen Welt und fand diese bei jenem, wie in der heiligen Schrift, durch sinnige Aneignung der irdischen Erscheinungen zart und sinnvoll vermittelt. Diese Veranschaulichung der idealen Gestalten, die sich unmittelbar nicht erreichen läßt, erzeugt die berechtigte Allegorie der höheren Kunstdichtung, welche auch im zweiten Theile von Göthe's Faust zu finden ist. Es erfordert aber diese ideale allegorische Poesie, die man mit gutem Rechte apokalyptisch nennen kann, einen feinen gebildeten Geist, der in dem Gebiete des reinen übersinnlichen Denkens einheimisch ist, und ist deshalb nicht Jedermanns Ding. Göschel gehörte zu den eifrigsten Vertheidigern der hohen Poesie im zweiten Theile von Göthe's Faust. Ganz besonders aber ergriffen ihn die allegorischen Gestalten in Dante's heiliger Dichtung, wie Birgilius, Beatrix, Mathilde, in welchen die sonst verblaßte Idee zur lebendigen Person, zur verklärten leiblichen Erscheinung wird und der Wahrheit, die dem Menschen, welcher sie nackt sehen will, züchtig sich verhüllt, der Schleier der Dichtung nicht zur Decke, sondern zum Schmuck und zum zierlichen Kleide dient.

Bis hieher gehen vielleicht deutsche Dantefreunde mit Göschel noch Hand in Hand: aber wir müssen noch eine andere

---

*) Zur Lehre von den letzten Dingen. Eine Ostergabe. 1850. Berlin, Brandis. Diese Schrift ist Nr. 42 in dem Verzeichnis seiner Werke, welches Göschel dem Buche über das Alter beigefügt, und dabei folgt dort die Bemerkung: Zur Fortsetzung liegt Viel bereit: der letzte Abschluß folgt jenseits.

Geistesrichtung in dem Dichter aufdecken, die unsern abgeschiedenen Freund wenigstens ebenso vertraulich ansprach: dies ist die kirchenpolitische. Hier gilt es die große Frage, wie das Reich Gottes auf Erden sich bei dem Verderben der Menschen als Reich ausgestalten kann, um segnend die Völker zu überschatten. Aus dem geschichtlichen Ringen und Kämpfen der vorhergehenden Jahrhunderte hatte die Idee des heiligen römischen Reichs, wo Papst und Kaiser einander ergänzen und beschränken, sich in ihrer vollen Herrlichkeit ausgeboren in derselben Zeit, wo durch den Fall der Hohenstaufen die Krone des Kaisertums zerbrochen und das Papsttum ohne Kaiser haltlos geworden war. Wie die politischen Ideen immer erst dann zur Vollgeburt gelangen, wenn ihre Mutter, die Wirklichkeit im Leben, in Kindeswehen gestorben ist, so war es auch damals. Aber Dante glaubte an die Zukunft des Ideals, das nur ein Schatten der Vergangenheit war, und machte selbst Versuche, den Kaiser Heinrich VII. zu bewegen, der ideale Kaiser zu werden. Da starb Heinrich VII. und die Hoffnung war für jetzt verloren, aber nicht Dante's Glaube: er trägt das Gottesreich der Zukunft im Herzen und legt sein hohes Urbild menschlich=kirchenstaatlicher Bildung in seinem Gedichte für die Nachwelt nieder. So hatte Göschel aus der kranken absterbenden Wirklichkeit der deutsch=lutherischen Consistorial=Verfassung die Idee einer gesunden Verbindung von evangelischem Staate und evangelischer Kirche geschöpft, und, obwol er als Consistorial=Präsident in tragischem Geschick das Opfer des traurigsten Zerfalls von Staat und Kirche geworden war, so hielt er doch nur desto mehr das fliehende Bild eines solchen schönen klar geordneten Ineinanderlebens von beiden Mächten fest. Er hatte Recht, wie Dante Recht gehabt: die Form war rein und gut, aber es fehlte die Wirklichkeit, in welcher diese Form Fleisch und Blut anziehen und sich verleiblichen konnte. Die Zeit dieser Ehe zwischen Confession und Staat war vorüber. So war es der Danteschmerz über die seinem

Ideale abgestorbene Wirklichkeit, welcher ihn durch die Gemeinsamkeit des tiefsten Weh mit dem Dichter verband, während er die neue Wirklichkeit, mit rohen Stoffen gemischt, in kranker Hast dahinstolpern sah.

Mit altsächsischer Pietät hing Göschel an seinem Könige, dem Könige von Preußen und an dem königlichen Hause: aber nachdem auch seine letzten gelungenen Bemühungen und Rathschläge für die Wiederherstellung des öffentlichen Rechts der confessionellen Unterschiede bald wieder vereitelt worden waren, wurde seinem Herzen das Treiben der Gegenwart in allem Verfassungswesen, das menschliche Machenwollen, ohne christlichen Grund und Boden in den Gemeinden, ohne geschichtliche Anknüpfung, ja zum Theil aus verworrenen Begriffen hervorgegangen, wie er es fand, immer fremder und widerwärtiger. Am Missionswesen hatte er, wie schon beim ersten Aufenthalt in Berlin, so auch von Neuem seit 1849 und in den letzten Jahren als Präsident des Missionsvereins sich lebhaft betheiligt und mit größter Treue gearbeitet: aber auch hier trat ihm zum Theil der confessionelle Haber in den Weg. Er liebte, duldete und betete viel, und flüchtete sich in das Gebiet der Erinnerung, wo er von Jugend auf sein Labsal gefunden. Er frischte die Erinnerungen seines ganzen Lebens auf, sammelte und ordnete sie, und er vertiefte sich in die Einzelnheiten der Geschichte vergangener Zeiten zur Belehrung für die Gegenwart und für die Ewigkeit. Mit chronologischer Genauigkeit suchte er in jedem Jahre auf, was an gleichem Kalendertage in früheren Jahrhunderten die Herzen der Menschen bewegt hatte. War es doch schon in Magdeburg diese friedliche Beschäftigung gewesen, bei welcher ihn die Nachricht von der Umwälzung des Jahres 1848 überraschte. So feierte er beständig Jubeljahre und Jubeltage, aber häufig unter Thränen, immer unter Fürbitten für Mitlebende. Sein Nachlaß ist reich an Erinnerungen, die er aufgeschrieben und immer mit der Gegenwart verknüpft und mit Gedanken durchwebt hat, an welchen sein Herz

betheiligt war. Eine ganze Samlung von solchen Erinnerungs=
heften liegt vor uns, aus denen wir ohne strenge Wahl eine
Probe hier mitzutheilen nicht unterlassen wollen.*)

„Der 23. December erinnert mich nicht erst heute, son=
dern schon seit vollen vier Wochen, an den Geburtstag des
Königs von Sachsen, Friedrich August I., den ich in meiner
Jugend zu Langensalza jedesmal mitgefeiert habe, und zwar mit
Spiel und Tanz, denn es wurde immer ein Ball veranstaltet
auf dem Schlosse Dryburg im großen Saale, der väterlichen
Dienstwohnung gegenüber. König Friedrich August war gebo=
ren am 23. Dezember 1750, als der Sohn des bereits am
17. December 1763 im 41. Lebensjahre verstorbenen Kur=
fürsten Friedrich Christian: er selbst ist gestorben am 5. Mai
1827 im 77. Jahre seines Alters. So gehört der 23. De=
cember zu meinen ältesten Erinnerungen, die mich nach Sach=
sen weisen. Seitdem regiert jetzt schon der vierte König, Jo=
hann, in der Literatur Philalethes genannt. In diesem
Jahre 1857 hat mich mein Weihnachtsbüchlein von den Bran=
denburgischen Kurfürstinnen und der Anhang von den Preußi=
schen Königinnen an den 23. December der Berliner Erinne=
rung gewiesen. Denn am 23. December 1793 hat hier in
Berlin die Königin Luise, damals als Braut des Kronprinzen
Friedrich Wilhelm, nachmaligen Königs Friedrich Wilhelm III.,
ihren feierlichen Einzug gehalten zur Trauung Tages darauf:
am 23. December 1809 hat sie einen zweiten feierlichen Ein=
zug in Berlin gehalten, bei ihrer Rückkehr aus Königsberg,
nach vielem schweren Ungemach. Und am 23. December 1810
wurde — die Leiche der am 19. Juli 1810 zu Hohenzieritz
bei Neu=Strelitz heimgegangenen Königin Luise zu ihrer Ruhe=
stätte geleitet von Berlin nach Charlottenburg. Dadurch bin
ich zugleich an Neu=Strelitz erinnert, von wo ich mir im
J. 1840 mein Kleinod, meine liebe Frau, Mathilde, heimge=

---

*) Handschrift Heft IV. S. 18 flgde.

holt habe, und an die Trauung in Neu-Strelitz am 15. September 1840."

„Der 23. December erinnert aber auch die Berliner noch außerdem an den Tod des Churfürsten Johann Sigismund im J. 1619, denn er starb an diesem Tage in einem Bürgerhause zu Berlin (Poststr. 4), wo das Andenken an den Sterbeort und die Sterbestunde noch heut zu Tage zu lesen ist. Mich erinnert dieser Trauerfall zugleich an das Lebensbild seiner Gemahlin Anna, womit ich mich seit Jahren beschäftigt habe, ohne noch zum Abschlusse zu kommen."

„Der 23. December hat für Berlin, für Preußen, auch eine ganz neue Bedeutung, denn der Kalendername dieses Tages ist Victoria: und jetzt erwarten wir im Februar des kommenden Jahres 1858 mit Gott den Einzug der Braut des Prinzen Friedrich Wilhelm, Namens Victoria, die Tochter der Königin Victoria von England. Der Name weiset auf die fromme Jungfrau zurück, nach welcher dieser Tag genannt ist: aber noch fehlen mir die näheren Nachrichten oder Legenden, welche von ihr ein mehr oder weniger verbürgtes Zeugnis ablegen. Der Name sei den Preußen ein gutes Vorzeichen von der Zukunft Preußens."

Wir brechen hier ab; wiewol dem entschlafenen Freunde noch viele andere Erinnerungen zugeflossen sind, die sich aus der Familien-, Staaten- und Literatur-Geschichte an diesen 23. December anknüpfen. An die Kalendertage lehnte sich gern durch solche Anknüpfungen seine Pietät an und er suchte sie auch dem Volke mit Erinnerungen zu füllen, weil er wußte, daß die Pietät, welche die Familien und Staaten zusammenhält und vor Verwilderung schützt, recht wesentlich eine Mutter und Tochter liebevoller Pflege der Erinnerung ist. Sein Geist ging daneben mit einem wissenschaftlichen Werke über die Erinnerung um, und in seinen Heften finden sich viele Vorarbeiten dazu. Die etymologische Bedeutung des Wortes und der verwandten Worte in alten und neuen Sprachen, der Unterschied der Erinnerung vom Denken und Dichten, die Verbindung der Erinnerung mit der Empfindung hatte ihn seit einer langen Reihe von Jahren vielfältig beschäftigt und aus Göthe und Dante, ja auch aus der entlegeneren Literatur hatte er dafür erläuternde Stellen gesammelt. Wie der Glaube an Gottes Offenbarung wesentlich auf heiligen Erinnerungen beruht, dies hatte er schon mit Belegstellen aus dem A. und N.T. entwickelt. Aber der Stoff seiner eigenen Erinnerungen erfüllte ihn noch zu sehr, als daß er vor seinem Ende zur wissenschaftlichen Formgebung gelangt wäre. Dies ist ein Verlust für die Nachwelt, als die Erbin seiner Gedanken-Arbeit: denn er würde viele bedeutende Winke auch für die Naturgeschichte der Ideen-Association und für die Ordnung dieses noch sehr dunklen Gebietes gegeben haben, dessen Erleuchtung für das Verständnis der Kinder, der Geisteskranken, der Träume und des Zeitgeistes, ja für die Selbsterkentnis eines Jeden unter uns so wichtig wäre. Und ist es nicht der Schatz von Erinnerungen, der uns Deutsche noch als Nation zusammenhält, während der Mangel an Erinnerungen und die geringe Wertschätzung dieser kostbaren Gabe die vereinigten Staaten von Nordamerika der Leidenschaft des Augenblicks preisgibt und großentheils Schuld ist an dem brudermörderischen Kriege, womit sie sich selbst zerfleischen!

Die Erinnerung an die „Idylle seiner männlichen Jahre" war es, die den müden Pilger endlich zu dem in seinem Alter kühnen Entschlusse vermochte, noch einmal den irdischen Wohnort zu wechseln und im Mai des Jahres 1861 sich nach Naumburg an der Saale überzusiedeln, wo er ein Haus angekauft hatte, das jetzt der Wittwensitz seiner hinterlassenen Gattin ist, wo er aber auch seinen geliebten Bruder Karl, den Königlichen Ober-Postdirector a. D. Göschel, und andere nahe und liebe Verwandte, so wie werte jüngere Freunde aus früheren Zeiten wieder zu finden sich freute. In einem sinnigen öffentlichen Abschiedsworte segnete er Berlin mit allen Erinnerungen, die ihn von dort begleitete, und ebenso begrüßte er öffentlich seine heimathliche Provinz Sachsen, in welche er zurückkehrte. Seine letzte Schrift war seiner Geburtsstadt Langensalza gewidmet, und ihrem an seinem 26sten Geburtstage, dem 7. October 1810, abgeschafften alten Gesangbuche*), welches vier Jahre vor seiner Geburt zum letzten Male gedruckt worden war. Diese Erinnerung sollte seine Vaterstadt an ihre einst ererbten Schätze treulich und liebevoll mahnen und an seinem 77. Geburtstage, am 7. October 1861, ihr als ein Geschenk von ihrem Ehrenbürger dargebracht werden. Aber er selbst sollte diesen Tag nicht mehr erleben. Sein Herz hatte schon seit längerer Zeit sich erdenmüde, der sündigen Welt abgestorben und dem Jenseits zugewandt gefühlt; sein Leib war oft matt, das Gemüth wurde immer weicher: ein Freund, den er am 15. August 1861 in seinem Hause zu Naumburg beim Abschied bis an die Treppe begleitet, kann den letzten wehmüthig segnenden Blick nicht vergessen, mit welchem der edle hohe Greis seinen Augen begegnete, da er hinabwandelnd noch einmal rückwärts gewendet zu ihm aufschaute. Es war ein Augenblick aus der Ewigkeit in die Gegenwart, aus der Gegenwart in die Ewigkeit.

Ein „letzter Anhang" zu der letzten Schrift enthält „drei Liebesseufzer aus einem Langensalzaer Frauenmunde, der hier nicht mehr singt, aber droben!" In dem ersten dieser Liebesseufzer singt die selige Emilie Göschel geb. Gräser:

> Nichts besteht, nichts hält:
> Die ganze Welt
> Zerfällt.
> Die Rose, die heut
> Mich so erfreut,
> Wird morgen
> In Staub verborgen.
> Das ist die Zeit!

---

*) Zur Erinnerung an das alte Langensalzaer Gesangbuch. „Redet unter einander von Psalmen und Lobgesängen, singet und spielet dem Herrn in euren Herzen." Ephes. 5, 19. Naumburg a. S. 1861. 43 S.

Die Seele, die heut
Sich Gottes freut,
Und liebet und lebet,
Nach Licht aufstrebet,
Hält heut
Und morgen
Mein Gott geborgen
In Ewigkeit.

Dieses Schwanenlied der Vorangegangenen konnte auch dem Zurückbleibenden gelten, der ihr nun nachgefolgt ist. Doch hat er sich auch selbst ein solches Lied gesungen, welches Klage und Trost des Alters enthält und das mit einem kostbaren Briefe seiner hinterlassenen Wittwe, in welchem seine letzten Tage und Stunden geschildert sind, im Volksblatt für Stadt und Land gedruckt ist.*) Am Sonnabend, den 7. September 1861, wurde er von einem Fieber ergriffen und er legte sich mit der vollen Ueberzeugung, daß er von diesem Krankenlager nicht wieder aufstehen würde. Vierzehn Tage lag er darnieder, bisweilen in Phantasien, aber immer mit geistlichen und kirchlichen Dingen beschäftigt. „Sein Geist wanderte von großen kirchlichen Angelegenheiten zu geliebten Menschen in der Nähe und Ferne, um deren Seelenheil er zärtlich besorgt war."**) Einmal sagte er: „Da kommt etwas herein, was wunderschön ist." „O wie schön! ich bin ganz glücklich." — Am 18. September sprach er zu der Gattin, als er sah, daß sie geweint hatte: „Meine liebe Mathilde, wir wissen es ja, daß wir uns einmal trennen müssen, um uns desto inniger im Herrn zu lieben." Es kam der 22. September, ein Sonntag: die Sinne vergingen, die Hände fingen an kalt zu werden. Der Geistliche, Domprediger Mitschke, wurde nach vollendetem Gottesdienste gerufen, und als ihn dieser fragte, ob er das heilige Abendmal begehrte, antwortete er klar und entschieden: „Mit meiner lie-

---

*) Sonnabend, 19. October 1861, Nr. 81. S. 1354—1357.
**) Worte aus dem Briefe seiner hinterlassenen Wittwe im Volksblatt S. 1355.

ben Frau." So folgte Beichte, Gebet, Abendmal: seine Gattin, sein Bruder und dessen Angehörige, auch die Dienstleute des Sterbenden nahmen daran Theil. „Nach der Handlung mußte Jeder der Anwesenden zu ihm herantreten, um Abschied von ihm zu nehmen." „Es war mir, als sei ich ganz wol!" sprach er beim Rückblick auf diese Feier. „Er hat dann noch bis zum Abend gelebt; die Sprache war nicht mehr verständlich, aber seine Mienen zeigten, daß die Bilder, die ihn bewegten, lieblicher Art waren. Gegen 10 Uhr wurde er ruhiger: es schien, als schliefe er. Da athmete er noch einige Male auf; der Athem setzte aus — und die begnadigte Seele hatte sich losgerungen und ward getragen von den Engeln in ihres Vaters Schoß! — Als wir seine entseelte Hülle am folgenden Tage in ihr letztes Ruhebettlein gebracht hatten (erzählt die Witwe weiter), sah sie so schön und friedlich aus, daß es eine Erquickung war, sie anzusehen."

Am 26. September ward ihm durch den Domprediger im Dome die Gedächtnispredigt gehalten über Galat. 3, 11: „Der Gerechte wird seines Glaubens leben." Vorher war gesungen worden: „Ich bin ein Gast auf Erden", nachher folgte: „Christus der ist mein Leben." Das erstere Lied hatte er selbst bestimt, so wie auch dasjenige, welches am Grabe gesungen wurde: „Jesus meine Zuversicht."

Göschel machte durch seine hohe wohlgebaute Gestalt, durch sein mit dunklem Haarwuchs mäßig bedecktes fein gebildetes Haupt, durch sein geist- und seelenvolles Auge, in dem oft eine Thräne schwamm, und durch seine zarte gehaltene Sitte, in welcher doch ein liebevolles Entgegenkommen sich ausdrückte, den Eindruck einer mit Milde gepaarten Würde. Seine Rede war fließend, holdselig und mit Salz gewürzet, reich an Erinnerungen, die aber in seinem Munde nicht leicht zu Anekdoten wurden, vielmehr oft in ein ernstes Spiel mit tiefsinnigen speculativen Gedanken übergingen. Er lachte nie, lächelte aber freundlich beim Austausch ansprechender Gedanken und half dem

Freunde, dessen Ansichten er für unrichtig hielt, lieber vermittelnd zurecht, als daß er ihn bestritt. Sein Leben war verborgen mit Christo in Gott und wir lassen ihn und seine Werke der Liebe in Gott und in vielen dankbaren Seelen, denen er wolgethan, verborgen bleiben. Er starb als ein begnadigter Christ, eine gereifte Frucht der Gnade, die der Herr in seine Scheuren sammelt: aber er hat auch viele Samenkörner zurückgelassen, die nicht verloren seyn werden. Soeben erscheint durch die Fürsorge eines von ihm innig geliebten Großneffen, des Herrn Dr. Wachsmuth, eine Auswahl aus seinen hinterlassenen Dantestudien: vielleicht folgen in Kurzem noch mehrere einzelne Gaben nach. Und die Zeit ist wohl nicht fern, wo sein Andenken als ein christliches Charakterbild aus dem 19. Jahrhundert ein jüngeres Geschlecht erbauen wird. Einstweilen seien diese Blätter als eine Ostergabe seinen Freunden gewidmet, um sie an seine reicheren Ostergaben zu erinnern. „Selig ist der Mann, der die Anfechtung erduldet; denn nachdem er bewähret ist, wird er die Krone des Lebens empfahen, welche Gott verheißen hat denen, die ihn lieb haben." (Jacob. 1, 12.)

Inhalt.

	Seite.
1. Familienbilder	5
2. Der Jüngling in Gotha und Leipzig	15
3. Zwölf Jahre in Langensalza	26
4. Die Lebensfülle in Naumburg a. S.	34
5. Eilf Jahre in Berlin	44
6. Der Consistorial-Präsident in Magdeburg	56
7. Göschels letzte Lebensjahre	72